乡村幼儿园教师培训系列教材　　总主编 唐 敏 周念丽

乡村幼儿园
游戏活动指导

主　编　李　艳　沈　秋
副主编　普　淳　张　莹
编　委　余莎莎　李秋璇

西南大学出版社
SWUP　国家一级出版社　全国百佳图书出版单位

图书在版编目(CIP)数据

乡村幼儿园游戏活动指导 / 李艳，沈秋主编．—重庆：西南大学出版社，2022.5
ISBN 978-7-5697-1369-5

Ⅰ．①乡… Ⅱ．①李… ②沈… Ⅲ．①游戏课 - 学前教育 - 教学参考资料 Ⅳ．①G613.7

中国版本图书馆CIP数据核字(2022)第071748号

乡村幼儿园游戏活动指导

XIANGCUN YOU'ERYUAN YOUXI HUODONG ZHIDAO

李 艳 沈 秋 / 主编

策　　划：杨 毅 杨景罡
执行策划：熊家艳
责任编辑：周明琼
责任校对：熊家艳
封面设计：散点设计
版式设计：闰江文化
排　　版：张 祥
出版发行：西南大学出版社
地　　址：重庆市北碚区天生路2号
邮　　编：400715
印　　刷：重庆长虹印务有限公司
幅面尺寸：185 mm×260 mm
印　　张：9
字　　数：170千字
版　　次：2022年5月　第1版
印　　次：2022年5月　第1次印刷
书　　号：ISBN 978-7-5697-1369-5
定　　价：29.80元

丛书编委会

编写说明

BIANXIE SHUOMING

自20世纪80年代以来，大力发展学前教育已经成为世界未来教育的目标之一。学前教育作为终身学习的开端，不仅是国民教育体系的重要组成部分，更是重要的社会公益事业。尤其是办好乡村学前教育，对于建设社会主义新农村、构建和谐社会和实现教育公平有着极其重要的意义。

中国0—14岁人口约为2.53亿(截至2020年11月1日)。近年来，我国政府坚持“儿童优先”原则，推动儿童事业发展取得了显著成就。尤其是连续出台的三个发展学前教育的三年行动计划，已经极大地提高了三年学前教育的普及程度。截至2021年，我国学前儿童三年毛入园率已经超过了85%，尤其是在发展农村学前教育，帮助乡村孩子全面发展，阻断贫困代际传递方面取得了很好的成效。

但是对于集边疆、民族、山区、贫困为一体的云南乡村地区来说，学前教育资源总量不足，发展不平衡问题一直是制约学前教育改革发展的突出问题。云南省在三个发展学前教育的行动计划中，大力推行“一村一幼”计划，利用闲置校舍改扩建、投资新建了许多乡村幼儿园，加上一些非政府组织也在云南省建了许多乡村幼儿园(班)，让大多数乡村的孩子们也能享受到学前教育。这些乡村幼儿园有些附设在乡村小学里，由乡镇中心学校管理，有些就设在行政村，甚至自然村。由于目前许多年轻人都到外地打工，留在村里的几乎都是老人和留守儿童，所以许多乡村幼儿园规模很小，甚至一所幼儿园就只有一个班，以混龄班形式存在。由于资源有限，许多乡村幼儿园缺乏专业师资，只能招聘一些临聘人员任教，他们绝大多数没有学前教育专业背景，学历和文化层次较低，而且有些年龄偏大，学习能力较弱，大多没有经过培训就匆忙上岗，对幼儿园教育活动和游戏活动、一日生活和卫生保健、政策法规和职业道德规范等几乎一无所知。所以在幼儿园的管理和保教工作中存在突出的小学化、成人化倾向，保教质量也堪忧。但令人欣慰的是，这些乡村教师非常热爱自己的工作，热爱孩子，尽管条件艰苦，收入不高，仍然坚守岗位，兢兢业业地工作，他们非常渴望得到专业的培训和指导，也希望提高自身的专业素质和能力。

为了提升乡村幼儿园教师专业能力，从而促进学前教育发展，依托世界银行云南学前教育发展实验示范项目昆明学院子项目，昆明学院学前与特殊教育学院设计了一系列针对乡村学前教育发展的活动，包括前期调研，摸清云南乡村地区学前教育发展现状，组织专业教师及大学生志愿者团队送培下乡，提升乡村幼儿园教育质量；编写乡村幼儿园教师培训教材及配套资源，开发乡村幼儿园膳食管理软件、幼儿身心发展观察评估工具等。

为保障乡村幼儿园的基本保教质量，亟需通过多种形式对教师进行培训，或者引导他们通过自主学习，逐渐提高自身的专业素质。我们的乡村幼儿园教师培训教材应运而生，华东师范大学周念丽教授和昆明学院学前与特殊教育学院院长唐敏教授为总主编，由昆明学院等高校学前教育专业教师和来自幼儿园一线的园长和骨干教师组成编写队伍。团队七次下乡，深入到五个县十二个乡镇四十三所乡村幼儿园实地走访和指导，周念丽教授也从上海来到云南，亲自带领团队深入偏远山村，摸清乡村幼儿园的现状和需求，力求做到帮助乡村幼儿园教师解决实际问题，体现乡村幼儿园教育特色，编写出了六本适合乡村幼儿教师开展日常保教工作最亟需、最实用的教材，包括《乡村幼儿园卫生保健》《乡村幼儿园环境创设》《乡村幼儿园班级管理》《乡村幼儿园游戏活动指导》《乡村幼儿园教育活动设计与指导》和《学前教育政策法规与乡村幼儿教师职业道德规范》。该系列教材编写时力求体现以下特点：

1. 时代性：教材内容反映时代特点，既体现《幼儿园教育指导纲要（试行）》《3—6岁儿童学习与发展指南》的精神，又把当前学前教育改革发展的新理念和新方法融入教材内容中，体现时代性。

2. 专业性：教材内容既关注幼儿生存与发展权益保护的相关法律法规及政策，又针对幼儿身心发展规律和学习特点，帮助乡村幼儿教师理解幼儿园保教工作中所需的各领域基本知识，掌握幼儿园的保育和教育、环境创设、班级管理、家园共育、卫生保健工作等的基本方法和策略。

3. 实操性：针对乡村幼儿教师文化素质不高、学习能力不强的特点，教材编写的内容和编写形式强调理论与实践相结合，弱化理论，突出实操，通俗易懂、生动形象，提供相应的图片和案例，易于乡村幼儿园教师理解和掌握。

4. 数字化：本系列教材还提供了大量的案例和学习资料，包括活动视频、PPT、学习资料、班级管理常用表格、儿童身心发展测评工具、家长讲座的提纲等，形成了丰富的资料库，以数字化的形式在线上平台展示，每本教材都有二维码，使用时用手机扫码即可观看，方便偏远山区教师随时随地学习和使用。随着学前教育的改革发展，根据需要这一数字资源还可不断更新、丰富和完善。

这六本乡村幼儿园教师培训教材的出版，首先得益于云南省教育厅申请到的世界银行云南学前教育发展实验示范项目，在项目的支持下完成全部的工作。另外教育厅分管学前教育的基教二处在本书编写团队面向全省的调研中给予了大力的支持和帮助，教育厅民族教育处还提供了经费支持。在深入云南省的多个乡村调研和培训时，有许许多多令人感动和难忘的人和事。香格里拉市三坝乡白水台小学钱丽华校长和香格里拉市三坝乡中心幼儿园兰承园长带着我们跑遍了全乡所有乡村幼儿园，至今都还记得哈巴雪山脚下那些壮丽的风景和崎岖的山路，以及那些坚守岗位的老师们。在大理漾濞，教研员刘忠书老师陪同我们翻山越岭到最偏远的山村，山里有些幼儿园都是村民免费拿出自己的房子开办的，刘忠书老师想尽一切办法为这些幼儿园添置设施设备改善条件。在大理巍山，教研员杨宏芬老师听说我们送培下乡，把全县所有幼儿园六百多名教师都召集起来听我们的讲座，觉得这是非常难得的机会。

昆明市教工一幼张管琼园长、32554部队机关幼儿园和晓春园长、昆明市西山区第六幼儿园园长葛露霞、昆明学院附属幼儿园高春玲园长带领教师团队深入多个乡村幼儿园培训教师、入园指导。还有参与这六本教材编写的所有园长和教师们，心里装着满满的爱心和情怀，都尽心尽力不计报酬。我们所有人所做的这一切只是想尽一个幼教人的情分和责任，为那些地处偏远的乡村幼儿园能够高质量地发展提供一些支持和帮助，让在同一片蓝天下的乡村孩子们也能享受优质的学前教育，为自己的人生奠定良好的基础。

也希望这套乡村幼儿园教师培训教材能够为全国其他省市同类型的乡村幼儿园的教师提供借鉴和帮助。

编写组

2022年5月16日

总序

ZONGXU

近年来,国家对农村学前教育的关注达到了前所未有的高度。

2018年,《教师教育振兴行动计划(2018—2022年)》指出:"改善教师资源供给,促进教育公平发展。加强中西部地区和乡村学校教师培养,重点为边远、贫困、民族地区教育精准扶贫提供师资保障",作为教师教育振兴行动计划的目标任务。主要措施"加强县区乡村教师专业发展支持服务体系建设,强化县级教师发展机构在培训乡村教师方面的作用""赋予乡村教师更多选择权,提升乡村教师培训实效。推进乡村教师到城镇学校跟岗学习,鼓励引导师范生到乡村学校进行教育实践。'国培计划'集中支持中西部乡村教师校长培训"。在国家政策的引领和推动下,农村学前教育在"量"的普及和"质"的提升方面都实现了飞跃发展,具体体现在幼儿的入园率显著提升、幼儿园普及程度明显提高等方面。

但偏远地区的乡村地区大都曾经是贫困地区,交通通达度低,造成师资力量薄弱和相关课程匮乏,所以这些地区的乡村幼儿园的保教质量相对较差。为此,亟需能提升师资力量、夯实乡村幼儿园保教基础的优质指导用书。

从云南省等少数民族地区的乡村幼儿园教师的现状来看,出版两类指导用书迫在眉睫。

第一类是"知"的层面,即对政策法规、理念和师德等基本概念之获得的指导用书。乡村幼儿园教师，有的从小学转岗而来，有的是非教育背景凭着一腔热血而来，还有的是当地村民经过简单培训后担任。这些情况表达了一个诉求：为其提供学前教育的相关政策法规知识、传授科学适宜的教育理念以及作为一名教师所必备的师德之概念已是时不我待。

第二类是"行"之层面，即为乡村幼儿园教师提供管理和教学实践有关的指导用书。以"一村一幼"为主要特点的乡村幼儿园，有的只有几个或十几个幼儿，教师也只有一两名，但"麻雀虽小，五脏俱全"，教学管理和以游戏为基本活动的教育活动设计与实施、家园互动等缺一不可。因此，与幼儿园管理和教学有关的实践指导用书应该是乡村幼儿教师们翘首以待的。

昆明学院学前与特殊教育学院的院长唐敏教授带领由高校教师和一线优秀园长们组成的编写团队，编写了能使乡村幼儿园教师"知行合一"的指导用书。他们的双肩担负起振兴乡村幼儿园之重担，不为金钱和名誉，不厌不倦，但求心之所安、促师有成。

在这套指导用书中，从"知"的层面出发，是以《学前教育政策法规与乡村幼儿教师职业道德规范》为开篇之作。该书分上下两篇，上篇对儿童权利与保护、学前教育相关政策法规的框架结构都进行了阐述，与此同时，对这些政策法规的变迁也做了回溯整理，还辅以相关的案例分析，使乡村幼儿教师在理解这些政策法规时有抓手，易记住。下篇则聚焦乡村幼儿教师的职业道德规范，进行了文本的解读和实践路径的指引。从"行"的层面出发，该套丛书既有从管理入手的《乡村幼儿园班级管理》，又有着眼于实践操作的《乡村幼儿园卫生保健》《乡村幼儿园游戏活动指导》《乡村幼儿园教育活动设计与指导》以及《乡村幼儿园环境创设》四本书。这五本书都是以教育部2012年颁布的《3—6岁儿童学习与发展指南》精神为依据、基于陈鹤琴先生的"活教育"等理论，站在幼儿立场，以全新的教育理念作为统领，注重可读性和可操作性。在这五本书中，均以"学习目标"唤起读者对学习重点的注意；用"思维导图"来梳理章节的脉络；通过翔实生动的"小案例"来引起读者的"大思考"，行文生动，便于乡村幼儿教师理解和掌握。阅之，深感这套丛书值得期待！

感动于唐敏院长及其团队为促进乡村幼儿园的保教质量发展、提升乡村幼儿教师的管理和教学的"知"与"行"水平而行远自迩，笃行不怠，编成这套乡村幼儿教师指导用书，是以欣以为序，也深表敬佩之情。

周念丽　华东师范大学

2021年12月3日写于厦门

前言

QIANYAN

游戏是幼儿的基本活动，幼儿期是特殊的游戏期。游戏及其特征与幼儿心理需求吻合，游戏是幼儿最喜闻乐见的活动形式，可以有效促进其身体、认知、社会性、情绪情感等方面健康发展。对于乡村幼儿及幼儿园教师来说，游戏是保障乡村幼儿教育质量的重要形式，应充分发挥乡村的优势，因地制宜开展形式多样的游戏活动，以促进乡村幼儿全面发展。

《幼儿园教育指导纲要(试行)》，在总则第五条中明确指出“幼儿园教育应尊重幼儿的人格和权利，尊重幼儿身心发展的规律和学习特点，以游戏为基本活动，保教并重，关注个别差异，促进每个幼儿富有个性的发展”。然而，乡村幼儿园作为幼教机构的重要形式，由于诸多因素的影响，幼儿园游戏的开展力度、质量等都有待提升。我国正式发布的《国家中长期教育改革和发展规划纲要(2010—2020年)》中，第二部分第三章第七点明确提出“重点发展农村学前教育”。

针对幼儿园教育“小学化”现象日益突出的问题，教育部专门颁布了《关于规范幼儿园保育教育工作防止和纠正“小学化”现象的通知》，再次明确提出幼儿园“要坚持以游戏为基本活动”“要创设多种区域活动空间，配备丰富的玩具、游戏材料和幼儿读物，为幼儿自主游戏和学习探索提供机会和条件”。

教育部颁布的《幼儿园教师专业标准(试行)》把“游戏活动的支持与引导”作为幼儿因教师应当具备的七大专业能力之一,并进一步将其细分为四种基本能力:(1)提供符合幼儿兴趣需要、年龄特点和发展目标的游戏条件;(2)充分利用与合理设计游戏活动空间,提供丰富、适宜的游戏材料,支持、引发和促进幼儿的游戏;(3)鼓励幼儿自主选择游戏内容、伙伴和材料,支持幼儿主动地、创造性地开展游戏,充分体验游戏的快乐和满足;(4)引导幼儿在游戏活动中获得身体、认知、语言和社会性等多方面的发展。可见,理解游戏对于幼儿学习和发展的重要价值,认同并坚持幼儿园以游戏为基本活动的教育理念,掌握组织和指导幼儿开展游戏活动的方法和技能,已经成为乡村幼儿园教师的基本要求。

2016年3月1日我国开始正式实施的《幼儿园工作规程》中规定幼儿园要“以游戏为基本活动,寓教育于各项活动之中”,并进一步明确了“幼儿园应当将游戏作为对幼儿进行全面发展教育的重要形式。幼儿园应当因地制宜创设游戏条件,提供丰富、适宜的游戏材料,保证充足的游戏时间,开展多种游戏。幼儿园应当根据幼儿的年龄特点指导游戏,鼓励和支持幼儿根据自身兴趣、需要和经验水平,自主选择游戏内容、游戏材料和伙伴,使幼儿在游戏过程中获得积极的情绪情感,促进幼儿能力和个性的全面发展”。

乡村振兴战略是2017年10月在党的十九大报告中提出的战略。十九大报告指出,农业农村农民问题是关系国计民生的根本性问题,必须始终把解决好“三农”问题作为全党工作的重中之重。乡村振兴,教育先行,乡村幼儿园游戏活动质量的提升,是推动乡村幼儿园教育质量提升的重要保障。

此教材的编写,基于乡村幼儿园及游戏活动开展的实际情况,关注了解乡村幼儿园教师在游戏活动设计和组织实施中遇到的困难,对幼儿园游戏的基本知识、常见各类游戏的组织指导要点进行介绍,运用大量的游戏案例,以期对乡村幼儿园游戏活动的实践工作提供一定的参考。本教材由高校学前专业专任教师和幼儿园一线骨干教师联合编写,既注重理论的系统性,又兼顾幼儿园实际,以方便一线乡村幼儿园教师学习、参考。

本教材定位于乡村幼儿园一线教师的游戏活动工作指导辅助工具书,又可作为学前教育专业学生的教学参考。全书共五章,分别是乡村幼儿园游戏活动概述、乡村幼儿园常见游戏活动的组织与指导、乡村幼儿园民间游戏的组织与指导、乡村幼儿园一日生活各环节中游戏活动的组织与指导、乡村幼儿园游戏活动观察与评价。

本教材力求体现以下特色:(1)框架清晰、简要,重点突出。教材框架清晰,章节简明,教材第四章乡村幼儿园一日生活各环节中游戏活动的组织与指导,是本教材中的一个亮点和创新。(2)指导要点直观形象,简明扼要。常见幼儿园各类游戏活动的指导要点,用直观形象的环形图表示,要点简明、直观形象,易于读者理解和运用。(3)注重联系实践,案例丰富。教材中提供了丰富的案例,案例均来源于幼儿园一线实践,行之有效,可作为乡村幼儿园教师开展游戏活动的参考范例。

本教材由李艳和沈秋主编,编写组全体成员多次共同讨论,修订全书框架,各部分作者分工合作研究撰写。具体分工如下:第一章由昆明学院教师李艳编写;第二章由华山幼儿园沈秋老师、江滨幼儿园普淳老师编写;第三章由江滨幼儿园普淳老师编写;第四章由华山幼儿园沈秋老师、江滨幼儿园普淳老师、昆明学院张莹老师、昆明学院李艳老师共同编写;第五章由昆明学院张莹老师编写。还有多名幼儿园一线骨干教师提供游戏案例、相关素材,在此表示由衷感谢!本书的在线资源实地拍摄得到昆明市五华区第二幼儿园及余莎莎园长、昆明市五华区江滨幼儿园及李秋璇园长的大力支持,特别感谢为在线资源采集提供支持的园长、老师和小朋友们!本书的编写及成稿过程中,有幸得到了华东师范大学周念丽教授的指导、西南大学李姗泽教授的指导、昆明学院唐敏教授的指导和帮助,在此表示衷心感谢!

李艳

2021年10月

目录

Content

第一章

乡村幼儿园游戏活动概述

学习目标

◎理解并掌握幼儿游戏的含义及特点

◎明确幼儿游戏的分类

◎领会幼儿游戏的价值

乡村幼儿园游戏活动概述微课

思维导图

- 乡村幼儿园游戏活动概述
  - 幼儿游戏的含义及分类
    - 幼儿游戏的含义
    - 幼儿游戏的分类
  - 幼儿游戏的特点和价值
    - 幼儿游戏的特点
    - 幼儿游戏的价值

小案例

某乡村幼儿园教师在工作中遇到了问题，班级里的孩子们活泼好动，总是爱玩，教师每天组织一日活动疲惫不堪，有时教师也特别想组织一些游戏活动，但是不知道该如何下手，而且感觉乡村幼儿园游戏材料不够丰富，采买又受到经费的限制。如果你是这位乡村幼儿园教师，你会如何解决这个问题？

大思考

①乡村幼儿为什么喜欢游戏活动？

②常见的幼儿游戏有哪些？

③游戏对乡村幼儿的发展有何促进价值？

乡村幼儿园是当前我国常见的幼教机构，也是广大农村地区开展幼儿教育的重要场所，它肩负着促进乡村幼儿身心健康发展的使命。乡村幼儿天性也是喜爱游戏的，且乡村有开展游戏活动的得天独厚的天然条件，较为宽阔的游戏场地、来自大自然的诸多游戏材料，乡村民间代代相传的传统民间游戏等。在幼儿园教育实践中，乡村幼儿园及教师应当充分认识到游戏对于乡村幼儿身心健康发展的重要意义，并掌握组织、指导常见游戏的要领，因地制宜、科学地开展游戏活动。

第一节 幼儿游戏的含义及分类

一、幼儿游戏的含义

幼儿游戏是指幼儿自愿自发参与的，以获得愉悦情感体验为目的的活动。

（一）游戏是幼儿的基本活动

基本活动是指对于个体来说最经常、最适宜、最必需的活动。对于幼儿来说，游戏就是他们最需要、最喜爱、最适宜的活动。《幼儿园教育指导纲要（试行）》的总则第五条指出：幼儿园教育应尊重幼儿的人格和权利，尊重幼儿身心发展的规律和学习特点，以游戏为基本活动，保教并重，关注个别差异，促进每个幼儿富有个性的发展。组织与实施部分第六条提出：教育活动内容的组织应充分考虑幼儿的学习特点和认识规律，各领域的内容要有机联系，相互渗透，注重综合性、趣味性、活动性，寓教育于生活、游戏之中。《幼儿园工作规程》第二十五条明确提出：以游戏为基本活动，寓教育于各项活动之中。第二十九条提出：幼儿园应当将游戏作为对幼儿进行全面发展教育的重要形式。幼儿园应当因地制宜创设游戏条件，提供丰富、适宜的游戏材料，保证充足的游戏时间，开展多种游戏。幼儿园应当根据幼儿的年龄特点指导游戏，鼓励和支持幼儿根据自身兴趣、需要和经验水平，自主选择游戏内容、游戏材料和伙伴，使幼儿在游戏过程中获得积极的情绪情感，促进幼儿能力和个性的全面发展。

1.游戏是幼儿最喜欢的活动

幼儿的身心发展特点决定了游戏是他们最乐于参与的活动。活泼好动是幼儿的天性,在游戏中,幼儿有充分的自由活动机会。游戏中蕴含各种各样的动作,可以满足幼儿好动的需要。游戏的特点和幼儿的特点相吻合。游戏对于幼儿来说,几乎可以视为他们的本能活动,轻松自在的各种游戏活动,自然而然地吸引了幼儿的注意。幼儿能够在轻松自在的游戏活动过程中,在欢乐愉悦的氛围中,按照自己的意愿,自发参与活动。正是这种宽松愉悦的游戏氛围,使得幼儿的动作和思维都处于极度放松和自然的状态,思维积极活跃,满足了幼儿好奇的探索心理,使幼儿产生丰富的情绪体验,最终促进幼儿良好个性的发展。

幼儿园以游戏为基本活动的目的在于:保障幼儿游戏的权利,创造与幼儿的年龄特点相适宜的幼儿园生活;促进幼儿主体性的发展,使幼儿在主动、生动活泼、充满愉悦情绪的活动中获得身心健康发展。幼儿教师应当认识到游戏是幼儿的基本权利,认识到游戏是幼儿身心发展的需要,保障并满足这种游戏的需要,已经成为现代社会进步的标志。对于幼儿游戏权利和需要的保障,需得到社会、家庭、幼儿园的一致认可,三方共同努力,才能更好地实现幼儿园以游戏为基本活动。

2.游戏是幼儿最必需的活动

游戏是幼儿发展中的必需活动,是幼儿身心发展的基本途径。幼儿在发展中的各种交往的需要、身体运动的需要、认知的需要、情感的需要,都离不开游戏。幼儿在游戏活动中,多方面能力得到迅速发展。幼儿在游戏中,往往会不断尝试挑战新的事物,这样就推动着幼儿身心不断往上发展。

(二)游戏是幼儿园课程的灵魂

游戏是幼儿园课程的形式,也是组成幼儿园课程的重要部分。幼儿园课程的基本形式是游戏。幼儿园课程的特点之一就是游戏,它是区别于其他年龄阶段课程的标志。

1.游戏是幼儿园课程的内容

幼儿园课程是实现幼儿园教育目的的手段,是帮助幼儿获得有益的学习经验,以促进其身心全面和谐发展的各种活动的总和。幼儿在园的一切活动都属于幼儿园课程的范畴。幼儿园课程的内容包括教学活动、生活活动、游戏活动。游戏渗透于幼儿园课程各方面的内容之中。

从《幼儿园教育指导纲要(试行)》中可以看出,幼儿园课程内容包含:关于客观世界粗浅的基本知识,幼儿基本的活动方式、方法的知识和经验,发展幼儿的智力和能力的活动和经验,培养幼儿情感和态度的活动和经验等。从这些课程内容来看,无论是哪方面的内容,都和幼儿游戏有着千丝万缕的联系。丰富多彩的游戏活动,蕴含着幼儿需要掌握的上述课程内容。对于发展幼儿智力和能力的内容,借助游戏活动可以有效实现。对于幼儿而言,游戏中通常伴随许多的问题,而问题解决过程就是智力发展过程。对于情感态度培养的内容,更是在游戏活动中易于实现。事实上,情感培养是一种自然而然的过程,也是一种自内而外的养成过程。幼儿游戏符合他们的兴趣和情感需要,游戏中蕴含丰富的情绪体验。

2.游戏是幼儿园课程的手段

幼儿园课程的实施需要借助一定的手段,游戏成为课程实施的有效手段。游戏既是构成幼儿园课程的内容,又是幼儿园课程实施的形式。游戏作为一种手段,可以帮助课程目的得以更好实现。游戏的手段价值体现在,在幼儿园课程的实践中,把游戏作为一种活动形式来组织和开展幼儿园的其他活动,例如利用游戏形式开展教育教学活动,开展生活活动,可以确保活动顺利和高效完成。一方面,幼儿园游戏有活动性、直观性、情境性、动作性等一系列特征,凸显出幼儿园活动的独特规律;另一方面,游戏中融洽了师幼关系,提高了幼儿学习的效果。游戏是幼儿学习课程内容的最佳途径。

幼儿的游戏和学习,通常是融合在一起的,游戏就是学习,学习就是游戏。对于幼儿来说,游戏和学习是相辅相成的,并不矛盾。如果在课程实施过程中,游戏成分较多,就会因为趣味性而深深吸引孩子参与,反之,当课程实施中缺乏游戏因素时,课程活动显得枯燥而沉闷。游戏和其他形式的课程是相互交织,不可分割的两个方面。游戏是幼儿最自然、最有效的一种学习方式。

游戏既是幼儿园课程的内容,同时也是幼儿园课程的手段,是幼儿园课程实施的主要途径。游戏是幼儿园课程的灵魂。

二、幼儿游戏的分类

(一)根据游戏的功能划分

按照游戏的功能划分,可以将幼儿园游戏分为创造性游戏和规则性游戏两大类。创造性游戏包括角色游戏、建构游戏、表演游戏;规则性游戏包括智力游戏、音乐游戏、体育游戏。

(二)根据幼儿认知发展角度划分

认知学派对幼儿游戏的类型进行了划分,主要以幼儿认知发展水平为依据。皮亚杰认为认知发展是幼儿发展的重要方面,游戏是幼儿发展的真实写照,他根据幼儿认知发展的阶段,将游戏分为四种类型,即感觉运动游戏、象征性游戏、建构游戏和规则游戏。

(三)根据幼儿社会性发展分类

社会性发展是幼儿心理发展的一个重要方面,幼儿游戏发展同样伴随着幼儿社会化进程。美国学者帕登根据幼儿在游戏中社会行为的表现以及幼儿参与游戏的程度,将幼儿的行为划分为六种:偶然的行为、旁观行为、单独游戏、平行游戏、联合游戏、合作游戏。

第二节 幼儿游戏的特点和价值

一、幼儿游戏的特点

(一)自主性

幼儿游戏是一种无拘无束的活动,没有强制的外在目的。幼儿根据自己的需要和愿望,按照自己的兴趣爱好和实际情况,进行自主自愿的游戏活动。在游戏前、游戏中、游戏后,自始至终都伴随着自主性的特点。在具体的游戏活动中,幼儿自主选择游戏形式、游戏内容、游戏材料、游戏伙伴,成人不能将自己的意愿强加给幼儿。幼儿在游戏中,总是积极主动参与,表现出极大的自主性。

（二）假想性

幼儿游戏的假想性主要体现在以人代人、以物代物上。幼儿的游戏内容来源于现实生活，但并不是现实生活的原本重现，是幼儿根据自己的理解，对现实生活进行了加工改造。游戏是一种假装的、幻想的活动，是一种虚拟的活动。这种虚构性主要表现在游戏的内容、手段、材料等都是幼儿虚拟的，并非现实生活中的人、材、事、物。这种假想性体现了幼儿思维能力水平的提高，在假想性的游戏活动中，幼儿充分开展想象，幻想着现实生活不能实现的美好，并且让这种美好深深植根于内心，变成幼儿特有的心理财富。

（三）愉悦性

趣味性和娱乐性是幼儿游戏固有的特点。游戏的趣味性是通过游戏的内容、形式、情节等反映出来的。愉悦性包含在游戏中，对于幼儿有强烈的吸引力，能调动幼儿参与的积极性，能给幼儿带来快乐。游戏中，幼儿行为是自发的，自发行为往往是趋利避害的。机体趋乐的行为倾向随时促使幼儿为满足需要而游戏，以追求舒适、安全、快乐的原则。幼儿在游戏中，自娱自乐，以不断重复的方式，寻找最有乐趣的游戏情节。在游戏中，幼儿没有任何心理负担，不担心任何的奖惩，所有的行为都是为了让自己开心。这样，幼儿就可以全身心投入游戏中，让身体和心理处于最自然、轻松的状态，享受快乐。幼儿体验着意想不到的乐趣，游戏给他们带来享受和欢乐。

（四）生活性

幼儿游戏来源于生活，在游戏活动中体现着生活的各个方面。在角色游戏中，幼儿模仿现实生活中的人物角色，根据现实生活，想象出多种多样的游戏情节，这些人物扮演和情节都有生活的痕迹。幼儿在生活中获得游戏的素材，获得游戏的灵感，在游戏中展示着社会生活的方方面面。离开了社会生活经验，幼儿游戏就失去了生命力。

（五）有序性

幼儿游戏是一种有规则的行为，具有有序性。通过细心观察幼儿的游戏活动，可以发现表面上游戏杂乱无章，其实每个游戏中都隐含一种秩序，正是这种秩序，才能使游戏活动得以顺利进行、井然有序。游戏发生的时间和地点，有别于日常生活，当幼儿进入游戏场地和时间，便马上进入游戏状态，并不会出现真正的混乱和僵局。

二、幼儿游戏的价值

(一)幼儿游戏促进幼儿的身体发展

幼儿游戏能够促进幼儿身体发展。幼儿期,身体的生长发育迅速,游戏则是实现幼儿生长发育的重要助力。多种多样的游戏活动,既有大肌肉运动,又有小肌肉运动,不同的游戏指向幼儿不同身体部位的锻炼。游戏中的身体运动,促进幼儿运动系统中肌肉和骨骼的发展,加速新陈代谢,促进身体各器官和系统的生长,特别是运动系统、呼吸系统和循环系统等,使得幼儿在体能、动作协调性与灵活性和身体发育等各方面不断成熟。幼儿在游戏活动中,身体各器官处于积极活动状态,同时伴随着丰富的情绪体验,身心发展相辅相成。

1.游戏促进幼儿身体的生长和发育

运动类的体育游戏活动,能够促进幼儿骨骼、肌肉的生长。黄世勋“关于体育游戏促进儿童生长发育的实验研究”结果表明:活动性游戏能够促进儿童生长发育,促进儿童骨骼、肌肉的发育,提高身体机能。实验班的儿童在身体的各项指标中得分均好于对比班。游戏对促进儿童生长发育具有重要作用。游戏使幼儿的身体各器官得到活动和锻炼,大肌肉运动例如追逐、奔跑、跳跃等游戏,小肌肉运动如拼图、玩沙、搭积木、拼积塑等游戏,都可以促进幼儿大肌肉、小肌肉的运动,促进骨骼、关节的灵活与协调。幼儿在游戏中变得结实健康,在多种刺激中变得反应迅速而敏捷,在快乐的游戏中,实现了身体的生长发育。

2.游戏增强幼儿机体的适应能力

机体的适应能力是指人体在适应内外环境及其变化中所表现出来的机体能力。幼儿的户外游戏活动,为幼儿提供了接触大自然的好机会,让幼儿充分接触阳光、空气、水这些自然因素,适度感受环境的变化,增强皮肤调节能力,符合幼儿生理代谢的需要,又能够增强幼儿对外界环境变化的适应能力,促进幼儿身体健康。

3.游戏促进幼儿动作技能的发展

许多游戏活动都伴随着身体动作,如走、跑、跳、钻、爬、攀登、躲闪等基本动作。一些综合类的体育游戏活动,以丰富刺激的内容,向幼儿提出一些挑战性的游戏任务,从而提高幼儿大肌肉的力量,提高幼儿身体动作的敏捷性和协调能力。

（二）幼儿游戏促进幼儿的认知发展

幼儿游戏能促进幼儿认知能力的发展。在游戏中，幼儿与各种各样的材料和玩具发生着各种形式的互动。在互动中，幼儿感知体验着物体的数、量、形等特征，可以帮助幼儿积累丰富的经验。游戏还可以促进幼儿专注力的发展。游戏是轻松、愉快的，在游戏中，幼儿有非常多的语言交流机会，游戏性语言占相当大一部分。幼儿在与同伴交流中，在游戏任务的驱使下，自由表达，发展语言能力。在游戏中，幼儿以物代物、以人代人，促进想象力和创造力的发展。同时，在游戏中，幼儿会遇到一些困难或问题，他们也会积极想办法去解决，发展问题解决能力和思维能力。

（三）幼儿游戏促进幼儿的社会性发展

幼儿游戏能促进幼儿社会性和个性的发展。幼儿的游戏通常有伙伴，在与同伴共同游戏的过程中，幼儿懂得了如何与人沟通与相处。在游戏中，为了让同伴接纳自己，幼儿必须对某些行为进行自我约束，甚至需要分享、谦让、帮助，逐步习得社会行为规范，提高社会交往能力。游戏是幼儿自主的活动，在游戏中，幼儿自己选择要玩的游戏、玩具。游戏帮助幼儿逐渐学会独立，还能帮助幼儿克服困难、锻炼意志，增强自信心与进取心。在游戏中，幼儿常常伴随愉快的心情，有助于幼儿养成活泼开朗的性格。

（四）幼儿游戏促进幼儿的情绪情感发展

幼儿游戏能促进幼儿情感的发展。情绪和情感是客观事物是否符合人的需要而产生的态度体验。情绪是和人的需要紧密相连的体验形式，有积极的表现也有消极的表现。情感是在情绪的基础上形成的，是比较稳定的心理特征。现实生活中，有的事情使幼儿开心，有的事情使幼儿伤心。有的游戏能够让幼儿体验到愉快、兴奋、开心等积极情绪，与此同时，有的游戏也能够让幼儿体验到消极情绪。

第二章 乡村幼儿园常见游戏活动的组织与指导

学习目标

◎理解乡村幼儿园常见游戏的含义、特点、意义

◎掌握乡村幼儿园常见游戏的指导步骤及要点

◎尝试组织乡村幼儿园常见游戏

乡村幼儿园常见游戏的组织案例视频

思维导图

- 乡村幼儿园常见游戏活动的组织与指导
  - 乡村幼儿园角色游戏
    - 角色游戏的含义、特点与意义
    - 角色游戏的指导步骤
    - 角色游戏组织与指导案例
  - 乡村幼儿园建构游戏
    - 建构游戏的含义、特点与意义
    - 建构游戏的指导步骤及要点
    - 建构游戏组织与指导案例
  - 乡村幼儿园表演游戏
    - 表演游戏的含义、特点与意义
    - 表演游戏的指导步骤
    - 表演游戏组织与指导案例
  - 乡村幼儿园规则性游戏
    - 乡村幼儿园体育游戏
    - 乡村幼儿园智力游戏
    - 乡村幼儿园音乐游戏

小案例

某乡村幼儿园教师在组织游戏活动时,不知道如何指导不同类型的游戏活动,一到游戏时间,幼儿就显得尤为混乱,导致该教师特别害怕组织游戏活动。如果你是这位乡村幼儿园教师,你会如何解决这个问题?

大思考

①乡村幼儿园常见游戏活动类型有哪些?

②不同类型的幼儿游戏之间的区别在哪里?

③不同类型的乡村幼儿园游戏应该如何指导?

2017年教育部以“游戏——点亮快乐童年”作为全国学前教育宣传月的主题，一组宣传海报共六张，分别从：“通过游戏，幼儿再现生活，表达自己的想法和感受”“通过游戏，幼儿发展运动协调能力”“通过游戏，带给幼儿身心愉悦情绪体验”“通过游戏，激发幼儿的想象和创造”“通过游戏，幼儿探索、思考、学习解决问题”“通过游戏，幼儿学习交往和合作”介绍了游戏对于幼儿发展的重要意义和价值，使得更多的人重视学前期游戏活动，了解游戏对于幼儿的价值。游戏的历史源远流长，人类对游戏的研究历史却并不久远。什么是游戏?《辞海》定义游戏为：文化娱乐的一种。柏拉图认为：游戏是一切幼子（动物的和人的）生活和能力跳跃需要而产生的有意识的模拟活动。亚里士多德认为游戏是劳作后的休息和消遣，本身不带有任何目的性的一种行为活动。可见，游戏是一种容易观察但难于定义的现象，时至今日仍然没有一个众人皆认同的定义。即便如此，并不影响人们对游戏的关注和讨论，尤以幼儿园游戏最为突出。游戏是幼儿园的基本活动，为了满足幼儿教师不同的教育需求、为了符合孩子们不同的活动需求，人们从不同的角度对游戏进行了不同的分类。例如，根据游戏功能将游戏分为创造性游戏和规则性游戏。

创造性游戏是指幼儿以想象为中心，主动地、创造性地反映现实生活的游戏。创造性游戏通常分为：角色游戏、建构游戏、表演游戏。

第一节 乡村幼儿园角色游戏

一、角色游戏的含义、特点与意义

（一）角色游戏的定义

角色游戏是指幼儿以模仿和想象，通过扮演角色创造性地反映周围生活的游戏。

(二)角色游戏的特点与意义

角色的模仿性很强。角色游戏是幼儿喜爱并且常常进行的游戏之一。在角色游戏中,幼儿通过想象,创造性地模仿现实生活的活动。角色游戏为孩子提供了模仿、再现人与人关系的机会,为他们形成良好的社会交往能力打下基础。

角色游戏具有重要意义:第一,角色游戏能有效促进幼儿的社会性发展。在角色游戏中,幼儿可以自由地发挥其想象力和创造力,因而他们对角色游戏的兴趣最为浓厚,幼儿玩角色游戏的主题、角色、情节也十分多样与新颖。在角色游戏中,孩子们通过对现实生活的模仿,再现社会中的人际交往,练习社会交往的技能,不知不觉中就提升了人际智能。游戏中,孩子们的行为要与所扮演的角色行为相吻合,要把自己放在角色的位置上。从角色的角度看待问题,幼儿必须学会共同拟订和改变游戏活动的主题。为了使角色游戏成功地继续下去,他们之间就要先协商由谁担任什么角色,使用什么象征性物品及动作;游戏中常常要改变计划,这就需要共同合作,学会从他人角度看问题,更好地解决人与人之间的交往。同时,在游戏中还可以学习如何坚持自己正当的权利、要求,怎样控制自己的言行,以符合游戏规则。因此,角色游戏水平的高低能反映社会交往能力水平的高低及人际智能水平的高低。第二,角色游戏促进幼儿的认知能力发展。在角色游戏中,幼儿增加对角色的认知,需要了解角色的社会职责和具体工作。如,通过玩小餐厅的游戏,幼儿了解厨师、服务员的工作职责,知道他人工作的辛苦。第三,角色游戏促进幼儿的语言能力发展。在角色游戏中,幼儿需要协商游戏的主题、游戏的规则、游戏角色分配等,需要幼儿与幼儿之间进行语言的交流与表达。如,在“医院游戏”中,有个小朋友生病了去看医生,就需要和医生之间进行沟通。扮演患者的幼儿说:“医生,我今天感冒了,一直流鼻涕。”扮演医生的幼儿说:“那我给你量体温,然后给你拿一些药。”在相互的交流中,孩子的语言表达能力得到提升,也增加一些语言沟通的技巧。

二、角色游戏的指导步骤

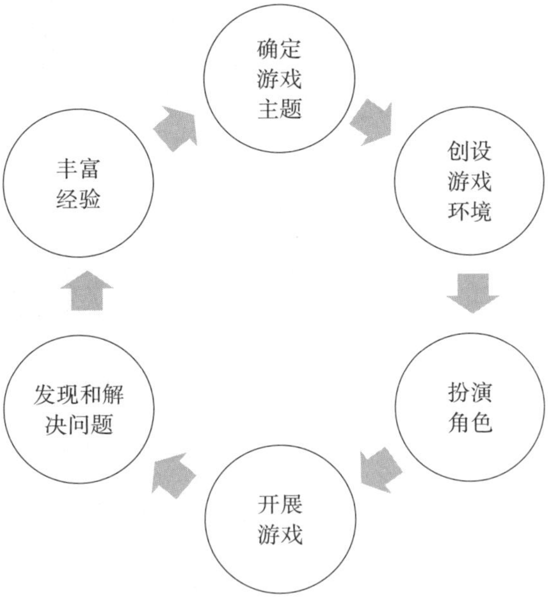

图2-1　角色游戏的指导步骤

三、角色游戏组织与指导案例

（一）确定游戏主题

确定游戏主题是角色游戏开展的一个关键点，有了主题，接下来的活动才能顺利进行。角色游戏主题的确定主要是由教师发现幼儿已有经验，根据幼儿年龄特点进行设立的。

[例]“娃娃家”的游戏如火如荼地在开展着，“爸爸”“妈妈”和“宝宝”今天都在家。“妈妈”正在给“宝宝”准备美味的午餐，“爸爸”陪着“宝宝”做游戏。做游戏过程中，突然听到“爸爸”说：“不好了，宝宝发烧了，我们赶紧去医院吧。”

可是教室里并没有医院，有的小朋友说把“宝宝”送到保健医生那里吧，也有的小朋友提议在教室里建一个医院。就这样，班级内开设了一家“医院”。新的活动主题就此产生。

（二）创设游戏环境

确定了新的游戏主题后，在活动中幼儿需要一个什么样的环境，教师如何利用有限的空间来进行合理的安排，在这个环境中教师需要为幼儿投放什么材料，都是教师需要考虑的内容。环境的创设是确保活动正常开展的重要保证，教师为幼儿创设一个材料丰富的活动环境，活动才能正常开展。反之，在角色活动中没有了环境的支撑，任何活动都是纸上谈兵。

[例]小朋友们在“娃娃家”活动中，因为“宝宝”生病没有医院，决定在班级内建一所属于自己的“医院”。活动主题确认后，孩子们集思广益地开始创设“医院”的环境。孩子们从家里带来好多的药盒以及医生看病的用具，还有的小朋友为医生和护士准备适合的衣服，还有的孩子用画笔画了很多有趣的绘画装饰医院的环境，孩子们还和教师一起为“医院”设计了标志，挂在了“医院”门口。准备工作完成后，“医院”正式开始营业了。

（三）扮演角色

角色游戏中除了环境的创设还有一个很重要的内容便是游戏活动中的角色。幼儿角色游戏模仿的是成人社会中会发生的事情。比如：“娃娃家”中的“爸爸”“妈妈”和“宝宝”，“医院”里的“医生”和“病人”。在每个角色游戏中都有特定的角色，如何扮演角色，体会不同角色的人物也是活动前教师需要让幼儿了解的内容。

[例]活动开始前，参加本次活动的孩子们，在一起商量每个人扮演什么样的角色，在“医院”里有医生、护士、病人，孩子们各抒己见，说着自己想要扮演什么角色。

“我要当医生，我妈妈就是医生，我知道妈妈是怎么工作的。”

“我今天咳嗽了，奶奶要带我去医院看医生，我要当病人。”

“我最喜欢打针了，护士就是帮病人打针的，我要当护士。”

“医院”里的角色都已经分配完成，活动正式开始。

角色活动中会有很多特定的角色，如何扮演这个角色，这个角色在活动中会承担什么样的任务，也是在角色游戏中孩子们可以从中取得的丰富经验之一。

（四）开展游戏

游戏的目的是让幼儿们从中获得不同的体验，活动前的所有的准备都是为了让孩子们把游戏玩起来，如果游戏不玩起来，那所做的一切都是纸上谈兵。

[例]“医院”正式开始营业，来看病的人络绎不绝，孩子们对这个新开设的区角表现出了极大的兴趣。“医院”里有的孩子扮演“医生”为“病人”看病；有的孩子扮演“护

士”为“病人”打针、喂药；还有很多的“病人”来医院看病。活动中大家各司其职，有条不紊地玩着“医院游戏”。

（五）发现和解决问题

当幼儿进入一个新的游戏中时，肯定会遇到很多的问题，如何解决这些问题，就是活动后教师和幼儿需要共同完成的内容。

[例]娃娃家的娟娟带着“孩子”来医院看病，进入“医院”后，娟娟推开了前面排队看病的利利，嚷着：“让开，让开，我要先看病。”利利很生气，也推开了娟娟，说：“你不可以插队，看病要排队的。”“我的宝宝生病很严重，我就是要先看病。”娟娟生气地对着利利说。两个孩子争吵了很久都没有结果，在教师的音乐声中，不得不结束了今天的活动。

游戏结束后，教师组织幼儿们开展了讨论：今天在“医院”里发生了什么事情？让我们一起来解决它。

利利：“有病人看病的时候插队。”

教师：“那小朋友们平时去医院看医生的时候需要做什么？”

孩子们一起说：“需要取号，要排队。”

教师：“小朋友们说的都不错，医院里为了维持秩序，看病前需要挂号，然后排队看病，这样才不会引起麻烦。”

娟娟：“我今天不是故意插队的。”

教师：“那你为什么会插队呢？可以说出来，让我们帮帮你吧。”

娟娟：“因为我的宝宝今天发烧很严重，我很担心才插队的。”

教师：“原来是这样，在医院里也经常会有生病很严重的病人，医院里的医生是怎么做的呢？”

浩浩：“我知道，医院里有急诊室，就是专门给生病很严重的病人看病的地方。”

教师：“可是，在我们的医院里没有急诊室，该怎么办呢？”

利利：“我觉得可以再有一个医生，专门给严重的病人看病，其他人都不能去。”

小朋友们同意了利利的建议，就这样，“医院”里专门设立了一个“急诊室”为生病很严重、着急的病人看病。

活动结束后，和幼儿进行今日活动的回顾才是活动中最为关键的一步，教师不但可以了解幼儿活动开展的情况，也可以知道幼儿在活动中出现的问题。教师根据幼儿提出的问题,并适时地展开讨论,必要的时候进行各种各样丰富的活动,在幼儿需要的时候帮助幼儿解决问题。

(六)丰富经验

所有活动的最终目的都是让幼儿丰富已有经验,获得新的经验。在活动中从发现问题出发,引导幼儿根据问题想出一些适合的解决办法,大胆分享,大胆尝试,从而解决问题,获得经验。

第二节 乡村幼儿园建构游戏

一、建构游戏的含义、特点与意义

(一)建构游戏的含义

建构游戏是使用各种结构材料进行建筑和结构的游戏。

(二)建构游戏的特点与意义

建构游戏对幼儿健康、语言、艺术、科学、社会领域发展都有着独特和不可替代的意义。在健康领域,建构游戏能有效促进幼儿手眼协调、精细动作和大肌肉动作协调、携物行走能力发展;在语言领域,建构游戏能有效促进幼儿描述、设计、规划和表征能力的发展;在艺术领域,建构游戏能有效促进幼儿美感发展,尤其是对称和平衡、想象与创造能力的发展;在科学领域,建构游戏能有效促进幼儿了解材料的质地、结构性能、稳定和平衡、力的作用,特别能让幼儿在游戏中感知形状、空间关系、数量、排序等概念;在社会领域,建构游戏能有效促进幼儿对社会环境和功能的认知,在游戏中体验与同伴的合作、分享、规则、秩序等,体验尊重他人劳动成果的重要性。

二、建构游戏的指导步骤及要点

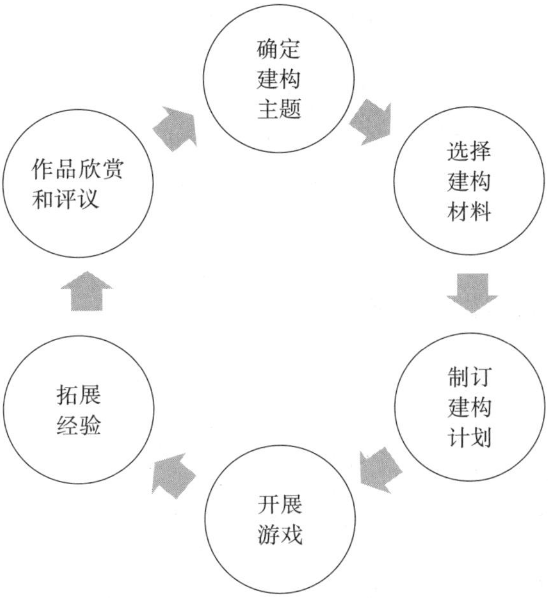

图 2-2 建构游戏的指导步骤

图 2-2 表示的是建构游戏的指导步骤，对新手教师有一定的指导意义和参考价值，对于经验丰富的教师，步骤和顺序都不是一成不变的规定，教师完全可根据现状进行修订和改造。在游戏的指导过程中，应注意以下几点：

(一)提供适宜的空间和材料

如在空旷平整的户外，可提供体积较大、有一定重量，适宜幼儿搬、抬的积木。在活动室地面，可提供体积中等，适合幼儿抓、握的积木；在活动室桌面，可提供体积较小、重量较轻，适合幼儿插、捏的积木。积木的材质和大小尽可能多样，以支持幼儿的多种建构需求。

(二)帮助幼儿掌握基本的建构技能

可在活动中通过讲解、示范、练习、总结等方法，帮助幼儿掌握垒高、架空、平铺、重复、围合等最基本的方法，支持幼儿的建构活动。

(三)指导幼儿收拾整理建构材料

收拾整理是维护班级环境秩序的重要环节，也是孩子体验秩序感和维护秩序的重要过程，也是确保建构游戏不断深入开展的重要因素。教师应和幼儿共同商讨收拾整理的具体要求，不断提醒幼儿按要求收拾整理。

（四）合理展示幼儿的建构作品

幼儿的建构作品是幼儿建构游戏过程、建构技能的综合体现。结合实际合理展示幼儿作品，是使幼儿体会成就感的重要过程。如：实物陈列展示、拍摄影像展示、幼儿的作品介绍等。

三、建构游戏组织与指导案例

案例

◆一、确立建构主题

回顾参观博物馆的活动，引发幼儿对博物馆的讨论。

师："小朋友们，昨天我们参观了昆明市动物博物馆，对于这座博物馆和博物馆中的藏品，令你们印象最深刻的是什么呢？"

幼："我最喜欢昆虫走廊，蝴蝶、蜻蜓、甲虫都好漂亮！"

幼："博物馆中间有一只超级高的大恐龙，和房子一样高！"

幼："老师，里面有会发光的热带雨林，还有在爬行的蛇和蜥蜴。"

幼："假山上有秃鹫，很高大凶猛，我还想再看一次。"

幼："我也想看。"

师："哇，你们分享的内容很丰富，看得出来大家参观时非常用心。有小朋友提到好想再去博物馆看一次，不如今天我们也来搭建一座华山幼儿园博物馆，然后邀请其他朋友们一起来参观。"

幼："我要搭，我要搭建！"

幼："我也要搭一座华山幼儿园博物馆！"

◆二、选择建构材料

师幼共同讨论，选择搭建所需材料。

师："要搭建一座大大的华山幼儿园博物馆，我们可能需要用到什么材料呢？"

幼："需要各种形状的积木，需要很多很多。"

幼："奶粉罐、纸杯，还有快递盒。"

师："那么问题来了，我们搭建好以后，可博物馆里什么都没有，怎么请朋友们来参观啊？"

幼："小人，小人！乐高里面的小人、小动物可以展览。"

幼："还有我们的多肉。"

幼："我的蝴蝶标本也可以放里面。"

教师小结：我们可以将积木、奶粉罐、快递盒、饼干盒、薯片盒、纸板、鞋盒等大件物品用来搭建博物馆；将乐高小人、小动物、植物等物品放在摆台进行展示，同样也可以将自己在美工区制作的美工作品进行展示，甚至可以将植物角的植物、饲养区的小兔子也放到里面进行展示。

◆三、制订建构计划

首先，引导幼儿了解博物馆基本结构，可通过图片、视频等帮助幼儿了解博物馆的基本结构（地面、梁、柱、墙、天花板、屋顶、门窗）。其次，讨论搭建样式，包括讨论需要搭建什么样的博物馆和幼儿自由绘制建构图，教师收集信息并帮助幼儿整理。

师："我们要搭建什么样的博物馆？"

幼："又高又大，就像昆明博物馆一样可以放下梁龙长长的脖子。"

幼："我要设计像城堡一样的博物馆。"

师："你们的想法多种多样，如果担心自己会忘记，这里提供了纸和笔，需要的小朋友可以自取材料绘制建构图。"

◆四、开展游戏

（1）幼儿开始游戏，教师巡回指导，可以用搭建者的角色平行介入游戏，启发幼儿游戏思路，丰富游戏内容。

片段一：孩子在按照图纸搭建的过程中，逐渐忘记了自己要搭建的博物馆是什么样子，也忘记了要看图进行搭建，最后凭借自己的想象搭建。

（2）引导幼儿使用"围合""垒高"的方法搭建。

片段二：搭建开始了，一个女孩子选择将薄长方形积木竖着放，然后再放上一块小正方形积木。"不行，要倒了。"她赶忙用双手扶住，另一个男孩子急忙递给她一块厚的长方形积木，并将其平平放到地上。"好了，不会摇晃了。"在用这样的方法搭建了两层之后，女孩发现博物馆太矮了，于是使用一个圆柱体当作博物馆的梁柱，进行加高，这样就能搭建得又高又稳。

(3)对于建构能力较强的幼儿，可以引导他们帮助其他幼儿，可以引导其合作搭建。

片段三：一个男生将自己的建构图展开，打算按照图搭建，但是他的图纸太过复杂，自己没办法完成，另一个男生与其一起讨论，合作搭建。

(4)在游戏中用语文明，礼貌沟通，不争抢搭建材料。

◆五、拓展经验

对于针对本次建构游戏，教师可以着重在三个方面拓展幼儿的建构经验。

(1)如何将博物馆搭建得又高又稳，同时还能让材料使用率最大化。

(2)可以在搭建过程中根据实际操作需要修改图纸。

(3)合作，可以搭建出更惊艳的博物馆。

◆六、作品欣赏和评议

(1)幼儿分享自己的建构成果。

师："你们能介绍博物馆的基本组成部分吗？你们用到了哪些建造方法？使用了哪些材料？是按照自己画的建构图建造的吗？"

(2)幼儿分享自己最喜欢的同伴作品。

师："你们最喜欢哪位小朋友的作品，为什么？"

(3)分享建构困难，师幼共同讨论，尝试提出解决办法。

师："游戏中有没有遇到什么困难？面对困难你们是怎样做的？"

(4)在已有作品的基础上修改完善，拓展建构经验。

教师帮助幼儿整理归纳游戏情况，记录遇到的难题及提出的解决办法，最后总结陈述。

教师小结：今天小朋友们都搭建了自己的华山幼儿园博物馆，有的博物馆很高，有的博物馆很长，有的博物馆很宽敞，还有的博物馆造型非常奇特。在游戏中我看到大家努力地按照自己画的建构图进行搭建，十分用心，非常棒！虽然在游戏中我们或多或少都遇到了一些小困难，但是大家积极动脑，勇于尝试，相互帮助，顺利攻克难关，最终呈现了那么多各式各样、各有特色的华山幼儿园博物馆。现在，我们可以去邀请其他组的小伙伴来参观你们的博物馆了，行动起来吧！

第三节 乡村幼儿园表演游戏

一、表演游戏的含义、特点与意义

(一)表演游戏的含义

表演游戏是按照故事中的角色、情景和语言,进行创造性表演的游戏。

(二)表演游戏的特点与意义

表演游戏是游戏而不是戏剧表演,教师应用符合游戏活动本质特点的方法来组织幼儿的表演游戏。表演游戏与戏剧表演有根本区别:表演游戏是幼儿自娱自乐的活动,幼儿只是因为有趣好玩而在玩,他们并不是在为观众表演。幼儿的主动性、积极性和创造性在表演游戏中得到充分的表现和发挥,幼儿也在这样的活动中体验到了游戏的愉悦感。表演游戏兼具游戏性和表演性,表演游戏以故事为依据的特点决定了表演游戏的表演性。在游戏的过程中,幼儿会自发地在头脑中将自己的言行与故事情节、人物联系起来,故事作为脚本规范着幼儿的行为,成为幼儿行为表现的框架和评价自己和他人游戏行为的尺度。表演性之于表演游戏来说,是不可或缺的特性。兼具游戏性和表演性正是表演游戏不同于其他类型游戏的特点。

二、表演游戏的指导步骤

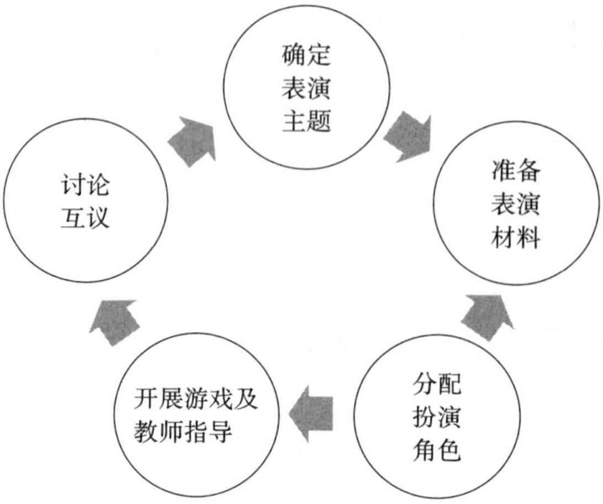

图2-3　表演游戏的指导步骤

三、表演游戏组织与指导案例

案例

◆一、确定表演主题

最近幼儿园在开展“神奇动物在哪里”主题活动，我们班制作了一只戴着皇冠的卡通蜥蜴。有一个小女孩提出了疑问：“为什么蜥蜴戴着皇冠？”这吸引了其他幼儿的兴趣，大家聚在一起讨论“对啊，为什么蜥蜴有皇冠”“这和我们在博物馆看到的不一样”“它真奇怪呀”。这时有个小男孩说：“我知道蜥蜴不仅有皇冠，还有鞋子和衣服！”一边说着一边还用手比画。这让我想起了绘本《大熊有一个小麻烦》，里面的大熊也是穿着衣服戴着帽子，很是憨厚可爱。一次集中教学活动中，我讲述了这个绘本，幼儿都十分感兴趣，这让我萌生了表演游戏的想法。

1.提出问题，回忆情节

师：你们还记得那只穿戴着翅膀、帽子和眼镜的大熊吗？它的翅膀是哪里来的？那帽子、眼镜和鞋呢？大熊的麻烦是什么？最后麻烦是怎么解决的？

2.总结

师：要帮助别人就应当像小蜜蜂那样，耐心、仔细地听清楚别人的请求。如果自己想请别人帮忙，一定要大胆地把事情说清楚，不能像大熊那样吞吞吐吐。那我们一起来把这个有趣的故事表演出来吧！

3.熟悉角色对话

师：大熊在裁缝店说了什么？在帽子店、眼镜店、杂货店和鞋店呢？和小蜜蜂说了什么？

◆二、准备表演材料

师：今天老师给大家准备了大熊和小蜜蜂的头饰。快一起开始吧！

◆三、分配扮演角色

幼儿分成两组，自由组合，大家商量、分配好角色并帮助幼儿认清自己的角色，按照故事情节发展顺序，在指定场地表演。

◆四、开展游戏及教师指导

(1)注意观察幼儿在游戏中是否遵守规则，如果有争抢角色和表演道具的问题，适时介入指导。

(2)观察幼儿在游戏过程中是否遇到无法解决的问题。在介入解决的过程中遵循启发性的原则。

(3)注意幼儿是否有创造性的表演行为，及时肯定和表扬，增强幼儿的表演信心和欲望。

(4)教师在介入指导的时候要注意尊重幼儿的自主性，不过多指导。

◆五、讨论互议

师：小朋友们觉得谁表演得最好？为什么？大熊难过的时候，你们觉得应该怎么说话？大熊有什么动作？小蜜蜂呢？每个角色都有它的特点，小朋友们都说得非常好，希望下次大家在表演的时候能加入动作和说话的语气，那么表演会变得更完美的！

第四节 乡村幼儿园规则性游戏

一、乡村幼儿园体育游戏

(一)幼儿园体育游戏的含义、特点与意义

1.幼儿园体育游戏的含义

幼儿园体育游戏的内容以身体动作练习为主,主要包括各种基本动作的练习、提高身体素质的练习以及运动动作的练习;以游戏活动的形式开展,其游戏活动也包含一定的规则和角色,具有情节性、娱乐性和竞赛性的特点。[①]

2.幼儿园体育游戏的特点

(1)体育游戏能使幼儿情绪高涨,兴趣盎然,高度参与。

(2)体育游戏形式多样,内容丰富。

(3)体育游戏能帮助幼儿强健身体。

(4)体育游戏有利于幼儿能力、智力、技能的获得和提升。

3.幼儿园体育游戏的意义

(1)体育游戏能使幼儿轻松、快乐。

体验轻松、快乐是体育教学的目标之一。体育游戏是孩子们非常喜爱的娱乐活动,它不仅能使学生全心地投入游戏之中,而且会使学生感到充分放松、心情愉快。在体育游戏中,学生会从中享受到体育游戏给他们带来的乐趣,并获得良好的情感体验,满足体育活动的欲望和需求。在体育游戏教学中通过变换方式和条件可以使学习变得更有情趣,更生动,让学生能在轻松、快乐中锻炼自己的身体、培养美感。[②]

(2)体育游戏有利于发展幼儿身体素质。

幼儿在游戏活动中十分好动、好奇,什么都想摸一摸、动一动、玩一玩,游戏状态

---

① 刘馨.学前儿童体育[M].北京:北京师范大学出版社,1997.

② 梁周全,尚玉芳.幼儿游戏与指导[M].北京:北京师范大学出版社,2011.

下幼儿的组织器官与系统处于自觉活动状态，使他们的动作技能得到提高。幼儿参与体育游戏的主要载体是肢体，所以肢体参与成为游戏得以进行的必要手段。在游戏开展的过程中，幼儿的骨骼肌、脏器都会不同程度地形成良好的生理性适应，有利于提高幼儿的身体机能水平。其主要的适应性变化表现在：一是强化呼吸与循环系统的机能水平，使呼吸肌、心肌出现不同程度的增强，有利于肺通气量、心输出量的增加，增强机体对于氧气的摄取能力。二是提升肌肉的能力。有一些幼儿会利用道具进行体育游戏，此时肌肉的抗阻训练正在悄悄进行，久而久之肌肉的力量会出现一定的增长。

(3)帮助幼儿掌握正确的动作要领，有效提高运动技能。

使幼儿掌握一定的运动技能是体育活动的主要任务之一。一个新的动作的形成，必须通过听、看来感知技术动作过程，而且看是学生的主要信息来源。在体育运动中，有许多运动技术结构复杂，需在一瞬间完成一连串复杂的技术动作，对于3～6岁幼儿来说，确实有难度。如果利用体育游戏对幼儿进行动作要领的指导，能够帮助幼儿在快乐的体验中不知不觉就学到动作要领，从而达到提升运动技能水平的目的。

(4)促进幼儿社会性发展。

体育游戏是群体活动，幼儿在游戏中学会自我约束、接纳他人、关心他人，学会分享、交流、谦让、公平等交往技能。幼儿在体育游戏中培养开朗的性格，增进心理健康，具有挑战性的体育游戏还能够培养幼儿的勇敢品质。在体育游戏过程中，幼儿彼此之间运用语言、肢体等手段进行沟通与交流，拉近相互之间的关系，幼儿在认知层面就会将这些与自己嬉戏游玩的孩子归纳为好朋友，良好的人际关系网也初步建立，满足了孩子们向外交流、沟通的社会需求。

(5)体育游戏促进幼儿全面发展。

幼儿的学习生活离不开体育游戏，体育游戏是综合能力发挥的活动，幼儿在活动中能得到多方面的发展。

第一，体育游戏可以促进幼儿积累丰富的经验，幼儿与各种各样的材料和玩具发生各种形式的互动，使幼儿感知、体验，建立直接经验。

第二，体育游戏可以促进幼儿各种能力的发展。一是发展幼儿专注力。体育游戏欢乐有趣，激发幼儿兴趣，幼儿在体育游戏中注意力的集中程度和稳定性得到提升。二是发展幼儿语言表达能力。体育游戏具有轻松、愉快的氛围，在这样的气氛中幼儿可以较为自由地表达出自己的想法和愿望，可以与同伴轻松交流，促进语言表达能力的发展。三是发展幼儿动手动脑解决问题的能力。体育游戏具有一定挑战性，在游戏中，幼儿面临着与体育器械、人物、游戏环节之间存在的问题，问题的出现激发幼儿积极思维，寻找方法，在该过程中幼儿的动手能力、解决问题能力都得到提高。

（二）幼儿园体育游戏的指导要点

1.介绍体育游戏的名称、玩法和规则

组织游戏，合理安排队形；讲解简明扼要，生动形象；对小班幼儿最好用游戏口吻，边讲边示范，对中大班幼儿，较简单的游戏，一般在讲解后示范，较复杂的游戏，要边讲边示范。若教师一人示范有困难，可以请能力较强的幼儿参加，有的动作，如钻、爬，请幼儿示范效果更好。复习旧的游戏，应根据幼儿掌握的情况，有重点提示。讲解和示范游戏玩法要突出游戏的规则。

2.重视游戏前的热身运动

热身运动是体育游戏开始之前的必备环节。热身运动可以活动肢体、放松肌肉、促进循环，使身体更好地适应接下来的主要活动。在具体的体育游戏中，应针对性热身，幼儿的哪个部位使用频率较高，在热身运动中就应增强该部位的热身程度。此外，热身运动最好能选取节奏明显、轻快的音乐，教师创编与游戏情节相关的简单动作，吸引幼儿积极参与，提高幼儿兴趣。

3.分配角色和分队

合理分配角色能充分发挥幼儿的积极性和主动性，利于游戏的顺利进行。竞赛性游戏的分组（队），要注意能力强弱和男女幼儿的搭配，使各队力量大致均等。

4.设置一定的内容和情节

为了增强体育游戏效果，在游戏进行中，应适当增添玩具、头饰、道具等辅助材料，使幼儿扮演的角色更加形象逼真，可提高幼儿对游戏的兴趣和动作的质量。

5.注意掌握活动量，合理把控运动强度

活动量是指幼儿在体育活动中，身体所承受的生理负荷量。体育游戏，活动量一般是由小逐渐加大，到游戏的后半部分达到高潮，然后逐渐下降，到结束时应恢复到相对平静的状态。游戏的结束应在幼儿对游戏已感到满足，但又不疲倦的时候。小班可顺应游戏情节自然结束，中大班应简要小结游戏进行的情况，肯定优点，指出缺点和需要改进的地方，激发幼儿继续游戏的兴趣和愿望，但切忌形成训话。

6.培养幼儿良好的整理习惯和能力

游戏结束时，教师可引导幼儿参与器材的收拾与整理，养成良好的物品归纳整理的习惯。

7.注意安全，防止跌伤意外事故

安全重于泰山。教师要给予幼儿必要的保护和帮助，一方面要及时提醒幼儿注意安全，教孩子一些自我保护的方法，另一方面应随时对幼儿加以保护，特别是年龄较小、能力较弱、胆小和动作迟缓的幼儿要更特别关照。

（三）乡村幼儿园体育游戏的组织与指导案例

表2-1◆体育游戏的组织与指导案例（运西瓜）

<table>
<tr><th>游戏名称</th><th colspan="2">运西瓜（大班）</th></tr>
<tr><td>游戏目标</td><td colspan="2">1.学习两个人用棍子运球。
2.通过教师的语言提示和同伴的示范作用，逐步掌握运西瓜技能。
3.控制自己的耐心，坚持把西瓜运到终点。</td></tr>
<tr><td>游戏准备</td><td colspan="2">棍子人手一根、球（幼儿人数的一半）、障碍物（椅子或者跷跷板代替）3个。</td></tr>
<tr><td>游戏过程</td><td>一、开始部分。
队列练习：四路纵队—两路纵队—开花走—大圆。
游戏：打皮球，边唱歌边做动作。
二、基本部分。
1.教师引出游戏“猪八戒运西瓜”。
师：你们知道猪八戒最喜欢吃什么吗？猪八戒想多运一些西瓜，在家里吃起来方便。如果请你们两两合作用棍子来运，该怎么完成？
2.幼儿自由找空地方尝试运球。
要求：两个人一组，商量好谁拿皮球，看哪组小朋友能坚持长时间不掉下来。
3.请两组幼儿示范。
讲解：两个人手里的棍子要保持一定的距离，若距离太近，球会滑下来，若距离太远，球会漏下来，两人走路速度要一样。</td><td>建议：教师带领幼儿做热身运动，热身动作示范应规范标准到位。

建议：讲解游戏规则时可由两名教师或两名幼儿示范游戏规则。</td></tr>
</table>

续表

游戏名称	运西瓜(大班)	
游戏过程	4.全体幼儿排队进行抬西瓜接力。 反馈:如果球掉下来,再用两根棍子从地上把球夹起,继续前进。 5.幼儿再次进行比赛。 要求:到了终点后要绕过小椅子过来。 三、结束部分。 幼儿摆放好小椅子,教师带领幼儿做放松运动。	
游戏反思	两根棍子,两名幼儿合作运西瓜的动作对幼儿具有一定挑战性,既要求幼儿手臂肌肉大动作控制,小动作掌握,又要求两名幼儿互相配合,在游戏过程中促进幼儿同伴感情,合作能力得到提高。	建议:教师可根据幼儿完成游戏情况适当增减游戏难度。

表2-2◆体育游戏的组织与指导案例(灵活的汽车)

游戏名称	灵活的汽车(中班)	
游戏目标	1.练习听信号走、跑交替,发展动作的灵活性和协调性。 2.初步学会倒退走,知道遵守交通规则。	
游戏准备	小塑料圈人手一个,红绿板一个,在场地上画上大圆圈。	
游戏过程	一、利用“圈”进行身体活动。 让幼儿手持小塑料圈,模仿开车的动作,跑进场地围成大圆圈。 利用“圈”做准备运动,如:套圈、跨圈、跳圈、滚圈等。 二、游戏开展。 教师与幼儿一起游戏,引导幼儿会听指令做动作,发展幼儿动作的灵活性和协调性。 “红绿灯”游戏:幼儿当“司机”,教师做“警察”。当“警察”出示绿灯时,“司机”启动车子自由分散地开车,当“警察”出示红灯时,“司机”立即停止不动。游戏可进行2次。 “灵活的汽车”游戏:“司机”根据“警察”的指令做动作。当“警察”说“倒车请注意”时,“司机”就做倒退走的动作;“警察”说“向前开”,司机就做向前走的动作。当听到“慢慢开”,“司机”就边慢慢走边做开汽车的动作;当听到“快快开”时,“司机”就边跑边开车。游戏可进行2~3次。	建议:教师带领幼儿做热身运动,热身动作示范应规范标准到位。

续表

游戏名称	灵活的汽车（中班）	
游戏过程	“倒车库”游戏：将幼儿分成6组，报号，并提醒幼儿记住自己的号码。当教师说“一号车进库”，每组的第一个幼儿就从两队之间的空间倒退到队尾，其余类推。游戏可进行2次。 三、讲评游戏。 教师与幼儿一起讲评游戏。 四、放松活动“开火车”。 幼儿排成一路纵队，第一名幼儿做车头，后面的幼儿做车厢，做车头的幼儿作开车状，后面的幼儿左手搭在前面幼儿的左肩上，右手作车轮滚动状。	建议：教师可根据幼儿活动的实际情况调整运动量，安排适宜的游戏次数，并根据实际游戏中出现的问题给予具体的指导；进行一次游戏后，可由一名能力强的幼儿当“警察”；活动中要注意幼儿的安全，活动距离要适当，以免拥挤。
游戏反思	爱玩是孩子的天性，体育游戏考验幼儿的反应能力和身体协调能力，具有一定的挑战性。听信号走、跑交替，激发了幼儿的游戏兴趣，在游戏中幼儿聚精会神，兴高采烈。	建议：教师可根据幼儿完成游戏情况适当增减游戏难度。

表2-3◆体育游戏的组织与指导案例（爱跳的大皮球）

游戏名称	爱跳的大皮球（小班）	
游戏目标	1.培养参加体育活动的兴趣。 2.发展动作的协调性，提高控制能力。 3.练习双脚向上跳的动作。	
游戏准备	1.户外场地准备。 2.大皮球人手一个。	
游戏过程	一、开始部分。 带领幼儿走圆圈，学小鸡走、小鸭走、小兔跳。 二、基本部分。 1.教师出示大皮球，教师拍一拍，皮球跳一跳，增强幼儿经验。 2.教师讲解游戏玩法：幼儿围成一个大圆圈，面向圈内，教师边说儿歌边表演动作：“我是一个大皮球，会跑步，会跳高。拍得轻，跳得低；拍得重，跳得高；连着拍，跳跳跳。”教师说：“大风一吹四处跑。”幼儿四散跑开，游戏重新进行。	建议：教师带领幼儿做热身运动，热身动作示范应规范标准到位。

续表

游戏名称	爱跳的大皮球(小班)	
游戏过程	3.组织幼儿进行游戏,重点指导幼儿双脚同时向上纵跳。 4.讲评:表扬游戏中表现好的幼儿,请他们做小朋友的模范榜样。 三、结束部分。 教师带领幼儿开着小火车分组小便、喝水。	建议:讲解游戏规则时,可由两名教师或两名幼儿示范游戏规则。
游戏反思	爱玩是孩子的天性,特别是小班的孩子特别喜爱在户外跳。户外游戏“爱跳的大皮球”,在基于幼儿爱跳的基础上,加入新材料大皮球,符合幼儿的已有经验,也激发幼儿的兴趣。	建议:教师可根据幼儿完成游戏情况适当增减游戏难度。

二、乡村幼儿园智力游戏

(一)幼儿园智力游戏的含义、特点与意义

1.幼儿园智力游戏的含义

(1)智力游戏。

一般我们将智力游戏认为是将学习的因素和游戏的形式紧密结合起来的一种游戏。智力游戏通常以游戏的形式锻炼了游戏者的脑、眼、手等,使人们获得身心健康,增强自身的逻辑分析能力和思维敏捷性。[①]智力游戏条件简便,方式灵活,游戏时间、课堂上及日常生活中都可以广泛地利用智力游戏对幼儿进行教育。教师要更多地利用这种游戏来复习巩固幼儿所学的知识和技能,还可以利用它来对幼儿进行个别教育。

(2)幼儿智力游戏。

幼儿园中所指的智力游戏通常是指适合幼儿年龄特点并有一定智力开发作用的游戏,它是根据一定的智育任务设计的,以智力活动为基础的游戏,以生动、新颖、有趣的游戏形式,使幼儿在轻松愉快的活动中完成增进知识、发展智力的任务,是帮助幼儿认识事物、巩固知识、发展智力的十分有效的手段。[②]智力游戏由游戏的目的(或

---

① 米娜.幼儿园智力游戏开展现状与对策研究——以××市三所幼儿园为例[D].长春:东北师范大学,2014.

② 黄人颂.第十五讲 幼儿园各类游戏的特点和指导方法[J].幼儿教育,1985(3):10-12.

任务）、游戏的玩法（或构思）、游戏的规则和游戏的结果四个部分构成。[①]

2. 幼儿园智力游戏的特点[②]

益智性、变化性、趣味性是智力游戏的三个基本特征。

智力游戏最明显的特点便是它的益智性。无论是棋类游戏还是一些走迷宫等的操作性游戏，都需要幼儿开动脑筋，具备一定的数理逻辑能力。由于益智性特点明显，因而智力游戏需要较高的思维水平，同时智力游戏本身的规则性也很强，因其明显的规则性也带来了思维上更大的挑战。

智力游戏的第二个特点便是变化性。可以说智力游戏是变化性很强的游戏，虽然其规则性较强，每种游戏都有固定的规则和玩法，但是过程是多变的，达到结果的方式方法是多样的。比如跳棋、五子棋、象棋、围棋等棋类游戏，走迷宫、华容道等游戏，还有九连环等解谜类操作性游戏，都需要遵守一定规则从而取得胜利，然而实现结果的过程是不一样的，取胜方法的多变性使得智力游戏充满了独特的魅力。

智力游戏的第三个特点是趣味性。正是由于智力游戏益智性、变化性的特点，所以才使得智力游戏有了很强的趣味性。马斯洛的需求理论将人类自我实现的要求放到了金字塔的顶端，而智力游戏正可以带给幼儿这种自我实现的需要。无论是下棋的胜利还是走出迷宫或解开铁环，都会给幼儿一种成功的喜悦，这种明显及时的反馈能让幼儿看到结果，增加其自信心，鼓励幼儿进行更深入的思考。而即使没有成功也会刺激幼儿的好胜心，增加其探究谜底的好奇心。

3. 幼儿园智力游戏的意义

智力游戏除了能使幼儿增长知识外，还可以使幼儿诸多能力得到发展，它是幼儿提高认知水平，解决情感冲突，补偿缺失的一种有效途径。智力游戏将玩与学紧密结合起来，通过智力游戏幼儿可以充分表现自己，在求知中获得成功感和自豪感，在思维求解中得到心灵的快乐和满足，在寓教于乐的游戏中培养起创新思维的习惯和竞争意识。

---

① 梁庆丽. 建构主义理论视野下的幼儿园智力游戏开展的现状及对策研究——以大庆市某三所公办幼儿园为例[D]. 长春：东北师范大学，2013.

② 米娜. 幼儿园智力游戏开展现状与对策研究——以××市三所幼儿园为例[D]. 长春：东北师范大学，2014.

(二)幼儿园智力游戏的指导要点①

1.选择适当的游戏,科学设计,为幼儿进行智力游戏创造条件

游戏的内容应和语言、常识、计算等各科教学以及幼儿智力发展水平密切结合。针对不同年龄段的幼儿,智力游戏的特点不同:小班的智力游戏,任务易理解、易完成、玩法简单,规则少。中班的智力游戏,任务复杂,动作多样,游戏规则更多带有控制性,除了教具和实物,还有语言的智力游戏和竞赛的因素。大班的智力游戏,任务和内容均复杂,要求幼儿进行较多的智力游戏、复杂连贯的动作和迅速准确执行游戏规则。

(1)在选择智力游戏时,注重个体差异,形式多样,应包括有集体的和个人玩的游戏,有上课用的,也有在游戏时间玩的,应广泛采用民间游戏。

(2)智力游戏的选材遵循源于生活又回归生活的原则。

(3)根据训练目的选取智力游戏的种类。

(4)要选择内容多变,可以激起幼儿兴趣的活动。

设计智力游戏,应该做到任务明确、玩法新颖、内容多变并逐渐复杂化,以激发幼儿的智力活动;所设计的游戏规则应当简单易行,能使幼儿获得成功的体验。

2.教会幼儿游戏的方法

智力游戏有一定的规则,教师在指导幼儿进行智力游戏时,要通过简明生动的语言和示范,帮助幼儿掌握玩法,督促幼儿按规定的方法和步骤进行游戏。在游戏过程中,教师要多给幼儿鼓励。

如果是有操作练习的游戏,教师还应事先教会幼儿必要的技能。幼儿之间也可以互教互学。

在游戏进行中,教师要根据幼儿进展的情况,随时给予指导,督促幼儿遵守规则,要求他们按既定的玩法、步骤认真地完成游戏任务,逐步能独立地进行各种智力游戏。

由于年龄的差异,在指导小、中、大班的幼儿时,要有一定的侧重点:

小班的智力游戏多是利用玩教具进行的,教师首先要考虑如何通过玩教具来激发幼儿的游戏兴趣。

在中班的游戏中,教师应注意检查他们对游戏玩法的掌握情况以及执行游戏规则的情况,使幼儿明白,只有遵守游戏规则,游戏才有趣味。教师要鼓励幼儿关心游戏结果,并努力争取好的游戏结果。

---

① 梁庆丽.建构主义理论视野下的幼儿园智力游戏开展的现状及对策研究——以大庆市某三所公办幼儿园为例[D].长春:东北师范大学,2013.

对大班幼儿智力游戏的指导，主要是靠语言进行的。教师要依靠语言讲解游戏、要求幼儿独立地进行智力游戏，并严格遵守游戏规则，争取最好的游戏结果。教师还可以要求幼儿对自己的游戏结果进行适当的评价。

3. 要注意对个别幼儿的照顾，鼓励每个幼儿积极参加各种智力游戏

教师应当按幼儿的不同需要，提出不同的要求，让幼儿进行不同的练习。尤其是对能力差的幼儿，应更多地鼓励、吸引他们参加智力游戏，及时肯定他们的进步，增强他们的自信心，提高他们的游戏能力。

（三）乡村幼儿园智力游戏的组织与指导案例

案例

小班智力游戏“国王游戏”

◆1. 游戏名称

国王游戏。

◆2. 游戏目标

帮助幼儿熟练辨识数字1~5。

◆3. 游戏材料

准备若干张卡片，卡片上分别标着1~5。

◆4. 游戏规则

每5个小朋友一组，将卡片放置在每个幼儿面前，让幼儿任意挑选一张，抽到指定数字的幼儿便是国王，可以要求任意小朋友或者教师做一件事情。

◆5. 指导要点

（1）在活动过程中，要指定好国王的数字，幼儿要事先了解数字1~5。

（2）根据幼儿的反应，可降低难度，将数字换成动物图片，让幼儿扮演小动物。

（3）先要请能力强的幼儿进行游戏示范，再分组游戏，教师单独指导。

（4）尽量指导幼儿记下一些简单的口令。

中班智力游戏“小猫钓鱼”

◆1.游戏名称

小猫钓鱼。

◆2.游戏目标

能辨识10以内数字。

◆3.游戏材料

标有1~10的数字卡片若干。

◆4.游戏规则

幼儿自由组合，每组两个幼儿，每个幼儿各拿一半的数字卡片，然后两个幼儿依次放一张牌，如跟上面的牌一样，即可把当中的牌全部吃掉，直至对手手上无牌为止。

◆5.指导要点

(1)示范指导游戏。

(2)幼儿要有对数字1~10的认知基础。

(3)教师注意观察，并注意幼儿的分组，以强带弱，个别指导。

大班智力游戏“抽牌凑数”

◆1.游戏名称

抽牌凑数。

◆2.游戏目标

(1)培养幼儿分析、概括及速算反应能力。

(2)掌握3以内数的组成、加减，初步理解加法互换，加减互逆的关系。

◆3.游戏材料

每人三张同样大的纸片，用小纽扣在纸片上分别画1~3个小圆点，并写上相应数字。

◆4.游戏规则

幼儿自由结合，每两人一组游戏。以“石头、剪刀、布”决胜负，胜者先抽牌，另一名幼儿凑数，进行3以内的组成、加减运算练习。算得又对又快的幼儿得红花一朵，游戏结束时红花多的幼儿为胜。

◆5.指导要点

(1)牌面朝下,每次只能抽一张,抽多抽少都视为违规。

(2)游戏之前先学会“石头、剪刀、布”。

(3)教师要先示范,再单独指导游戏。

三、乡村幼儿园音乐游戏

(一)幼儿园音乐游戏的含义、特点与意义

音乐游戏是在音乐伴随下进行的游戏活动。它是一种比较特殊的韵律活动,其特殊性主要表现在游戏和音乐的相互关系上。在音乐游戏中,音乐和游戏是相互促进、相辅相成的。音乐指挥、促进或制约着游戏活动,而游戏动作又能帮助幼儿更具体、形象地感受和理解音乐,获得一定的情绪情感体验。因此,音乐游戏是深受幼儿喜欢的一种音乐活动。

音乐游戏是一种有规则的游戏,同时也是以发展幼儿的音乐能力为目标的一种游戏活动。它具有突出的教育作用,集中体现了音乐的艺术性、技能性与幼儿的年龄特点和发展水平之间的对立统一。它把丰富的教育要求以生动有趣的游戏形式表现出来,使孩子们在乐此不疲的游戏中既掌握了一定的音乐知识和技能,也在不知不觉中渗透了品德教育和审美教育。同时,在愉快而自由的游戏活动中,幼儿还获得了更多的积极情绪情感的享受和体验,进一步促进了幼儿对音乐活动的稳定兴趣及积极、主动个性的形成。

(二)幼儿园音乐游戏的指导要点

音乐游戏也是针对音乐作品展开的音乐实践活动,所以,对音乐作品的欣赏与感受是音乐活动展开的第一步。音乐游戏不同于其他类型活动的关键经验,是随乐按规则做动作的关键经验,下面着重阐述这一关键经验的指导原则。

1.随乐按规则做动作的指导原则

在音乐游戏活动中,幼儿随乐按规则做动作一定是以合拍、合句段结构做动作(感受与理解音乐)为前提的。当幼儿能独立地随乐做动作时,集体性、规则性的动作

才能被表现出来。就集体教学而言,需要用教学策略去解决的问题是,音乐游戏中的规则性动作往往只涉及少数幼儿,大多数幼儿需要按规则等待。解决这种按规则等待问题,是音乐游戏的指导关键。下面为几项教学要旨或原则。

(1)需要通过一套模型动作表演来完成对音乐的感受。

音乐游戏需要这样一套模型动作,这套模型动作具有两个功能:第一,使全体幼儿在游戏过程中都有事情做,不需要等待;第二,幼儿通过对这套模型动作的学习与表演,感受音乐作品。

幼儿园开展规则性音乐游戏教学的失败率很高,一般出现的状况为幼儿只关注竞争过程与竞争结果,无视音乐的存在,通常我们称这种现象为"把音乐游戏做成了体育游戏"。究其原因,是教师没有为音乐游戏中的音乐设计一套让全体幼儿都能做的身体动作(模型动作)。幼儿一定需要通过身体动作去感受与表现音乐,感受到音乐的标志是能够用身体动作把音乐表达出来。能用身体动作表达出来的音乐才是确认已经被感受到的音乐,只有已经被感受到的音乐才能被关注,否则,音乐只是一些与幼儿无关的音响而已。若教师在音乐游戏教学中没有设计整套动作,幼儿往往只是听一至两遍音乐就进入规则学习环节,游戏规则只是动作规则,而不是在音乐中做动作的规则。无论是音乐游戏,还是集体舞,音乐教育活动如果不从根本解决对音乐的感受问题,都很难说是音乐教育活动,而就幼儿而言,对音乐的感受如果不以身体动作为"杠杆",都很难说幼儿能感受到音乐。

(2)在按规则做动作的那一句或一段音乐上,需要"停留"强化 。

音乐游戏的规则一般都在音乐的某一句或某段中体现,涉及规则的这一句或一段音乐的动作,需要让幼儿进行特别的练习,确认幼儿的身体动作能表达这句或这段音乐。

这种特别的练习可以称为教学"停留"。遵守音乐游戏规则往往需要幼儿在同一时刻关注三方面内容:第一,音乐的句段结构;第二,做一串难度较人的动作;第三,判断输赢结果并就此做出反应(输赢双方接下去做的动作是不一样的)。同时关注三件事对注意力的分配要求很高,所以这三件事必须都是幼儿熟悉的。但是,游戏规则动作一定是对原来这一套动作中某一句对应动作进行替代的结果,而且规则动作都是难度较大的,如在队形中按一定方向奔跑,在特定方位或空间争抢等,这样有难度的动作还要根据音乐的句子或段落开始、进行与完成。所以,如果不花点时间进行单独的练习,幼儿是很难完成这样一个注意力分配项目的。

2.随乐按规则做动作的活动类型

随乐按规则做动作的活动类型主要是由竞争规则的类型决定的。在幼儿园音乐游戏活动中,游戏的规则功能在于竞选出游戏的单独表演者,以便游戏能循环进行。而这种竞选出单独表演者的规则一般表现为两种方式:一种是通过赛跑,用赛跑的结果来决定游戏的单独表演者;另一种是通过争抢,用争抢的结果来决定游戏的单独表演者。

(1)赛跑竞选规则。

民间流行的"切西瓜""丢手娟"等游戏使用这种类型的规则。

(2)争抢竞选规则。

民间流行的各种各样的抢位置游戏,如"抢沙坑""抢座位""抢站位"等使用这种类型的规则。

(三)乡村幼儿园音乐游戏的组织与指导案例

案例

大班音乐游戏"熊和石头人"

◆1.活动目标

(1)能用动作表演歌曲,并遵守游戏规则,体验自由造型的快乐。

(2)根据音乐变化做舞蹈动作及静止的动作,当"要是小熊走过来,大家可别乱跑时"音乐出现时,控制自己不动。

◆2.活动重点

根据音乐变化做动作,并能遵守游戏规则。

◆3.活动难点

音乐停止时能控制自己不动。

◆4.活动准备

物质准备:音乐、熊的头饰。

经验准备:有创编不同造型的经验。

◆5.活动过程

(1)谈话导入,激发幼儿的游戏兴趣。

师:今天天气真好,树林里面可真热闹,小动物们都出来玩了,你们听听都有哪些小动物出来玩了?

(2)欣赏乐曲。

①第一次欣赏音乐,感受音乐的整体形象。

师:树林里都有哪些动物出来玩了?你听了这首歌曲感觉怎么样?这首歌曲前后有变化吗?

②第二次欣赏音乐,感受不同音乐形象,创编熊的动作。

师:这首歌哪里有变化?怎样变化?

小结:前半部分的音乐节奏听起来很欢快,很多小动物在树林里玩得很高兴。后半部分的音乐节奏听起来怎么样呢?

③第三次欣赏音乐,用动作表现不同音乐形象。

师:音乐很沉稳、很缓慢,像一只笨重的熊,所以我们的动作也和熊一样很笨重。

④创编石头人的造型。

师:熊来干什么?它最喜欢吃怎样的食物?熊突然出现在树林里,小动物怎么办呢?

小结:小朋友变出了不同造型的石头人。

(3)师幼讨论游戏规则。

①前半部分熊还没出现时,你们可以跟着音乐做自己喜欢的动作,表现出高兴、愉快的心情。

②当唱到"要是小熊走过来,大家可别乱跑"时,小朋友就可以变成不同造型的石头人。

③记住石头人是不可以笑,也不可以动的,不然就会被吃掉,被吃掉的石头人就被淘汰。

(4)教师和幼儿玩"熊和石头人"的游戏。

①教师扮"熊"和幼儿共同游戏。

②请个别幼儿与教师一起扮演"熊",其余幼儿与同伴合作造型表演"石头人"。

③请2~3名幼儿扮演"熊",其余幼儿集体合作造型扮演"石头人"。

中班音乐游戏“十个小矮人”

◆1.活动目标

(1)能根据音乐旋律,有节奏地进行点唱。

(2)在熟悉歌曲的基础上,合拍地做动作,并在向相反方向行走时,能清楚自己的行进方向,遵守游戏规则。

◆2.活动重点

能合拍做动作,并能遵守游戏规则。

◆3.活动难点

清楚自己行进的方向,跟好同伴。

◆4.活动准备

物质准备:音乐、图谱。

经验准备:会唱歌曲《十个小矮人》。

◆5.活动过程

(1)复习歌曲,练习模仿走。

①教师带领幼儿边唱歌曲,边模仿大巨人、小矮人,走成单圈队形。

②幼儿练习边唱歌曲,边按歌词拍手(唱到数字时拍一下手)。

(2)学习“点小矮人”的方法。

①幼儿看教师示范,明确“点小矮人”的方法。

教师:小朋友们面向圆心唱歌,我会沿逆时针方向,按歌曲的节奏点圆上的小朋友们,唱到数字时,被点到的小朋友要屈膝一下,扮演矮人。

②师幼共同游戏。

小结:刚才被点到的小朋友都屈膝扮演小矮人了,很不错哦!

(3)学习玩游戏。

①幼儿站成一圈,边唱歌边拍手。教师提示幼儿记住自己两边的同伴是谁。教师请一名幼儿当点人者,随歌曲点出十个小矮人。

②教师指导被点到的十个小矮人在歌曲的第7~8小节处边拍手边走到圈内,站成内圈。

③音乐重新开始时,内圈的小矮人沿顺时针方向,两手叉腰蹲着走;外圈的幼儿扮演大巨人,两手斜上举,沿逆时针方向踮着脚走。

④幼儿边唱歌，边完整地游戏。教师提醒幼儿在游戏过程中注意与同伴保持合适的距离。

(4)总结结束活动。

小班音乐游戏“猫捉老鼠”

◆1.活动目标

(1)喜欢音乐游戏，能完整表演猫捉老鼠的游戏，在教师的提醒下学会遵守游戏规则。

(2)能模仿老鼠走路、老鼠吃米、老鼠睡觉的动作，并能大胆创编动作。

(3)在游戏中体验与同伴一起游戏的乐趣。

◆2.活动重点

幼儿能够遵守游戏规则，完整表演猫捉老鼠的游戏。

◆3.活动难点

能大胆创编动作，模仿老鼠走路、吃米、睡觉的动作。

◆4.活动准备

物质准备：猫和老鼠妈妈头饰各一个、粮仓道具。

经验准备：知道猫和老鼠的关系，幼儿熟悉歌曲。观看猫捉老鼠、小老鼠活动的视频，由配班教师扮演大猫。

◆5.活动过程

(1)完整欣赏歌曲，创设游戏情景，引起幼儿兴趣。

①播放第一遍歌曲，幼儿完整欣赏歌曲。

②播放第二遍歌曲，通过提问，引导幼儿简单理解歌词内容，为游戏做铺垫。

提问：在歌曲里你们都听到些什么？

③播放第三遍歌曲，幼儿根据自己的理解随音乐做动作。

小结：小朋友们都很棒，能够跟着音乐做自己的动作，我们玩游戏时，你们也要记得带上动作。

(2)师幼玩游戏“猫捉老鼠”，鼓励幼儿大胆模仿小老鼠跑、小老鼠吃米、小老鼠睡觉等动作。

①师幼共同进行跑、吃米、睡觉的游戏，引导幼儿根据音乐变化和角色特点及时做出相应动作。(教师强调规则)

教师：掌声响了可以怎样跑？当我的掌声停了之后你们要不动，摆一个你们认为最好看的造型。咦！这里有一个好大的米仓，我们去吃米吧！

吃饱了，小老鼠赶紧回来哦！有点儿累了，休息一下吧！

②预设再次去吃米不被大猫捉住的情景，引导幼儿能听到提示，遵守游戏规则。

教师：小朋友们可以学一学踮着脚尖轻轻走，没声音。注意游戏规则，当唱到“来捉老鼠了”，才能跑回家。

小结：小朋友们都非常聪明，都能躲过大猫安全到家，可是我想考考小朋友们，你们自己跟着音乐，没有老师口令，你们是否能安全回家。

(3)师幼完整玩游戏，引导幼儿有节奏地跟着音乐做老鼠跑来跑去、吃米和躲藏的动作。

①配班教师扮演大猫。鼓励幼儿创编小老鼠走路、吃米等不同的动作。

②教师与幼儿再次完整玩游戏，引导幼儿遵守游戏规则。

(4)分享交流。

今天玩得真开心，我们把这个好玩的游戏带回去和其他的小朋友一起玩好吗？分享会让我们变得更快乐。

(5)延伸活动。

在音乐表演区投放头饰、道具、音乐，鼓励幼儿在区域活动中继续玩“猫捉老鼠”的游戏，可以将游戏延伸到户外活动，热身或者再次进行创编，和生活中的数学活动、一日活动衔接环节有效结合。

第三章

乡村幼儿园民间游戏的组织与指导

学习目标

◎了解幼儿园民间游戏的含义、特点及意义

◎掌握民间游戏的指导原则

◎分析本章节民间游戏案例，并尝试创编民间游戏

乡村幼儿园民间游戏的组织案例视频

思维导图

- 乡村幼儿园民间游戏的组织与指导
  - 幼儿园民间游戏概述
    - 幼儿园民间游戏的含义
    - 幼儿园民间游戏的特点
    - 幼儿园民间游戏的意义
  - 幼儿园民间游戏指导要点
    - 做好游戏前的准备工作
    - 增添有趣情节，灵活掌握幼儿的活动量
    - 充分利用道具吸引幼儿
    - 通过各种方式提醒幼儿遵守游戏规则
    - 介绍民间游戏的名称、玩法和规则
    - 重视游戏前的热身运动
    - 分配角色和分队
    - 培养幼儿良好的整理习惯和能力
    - 注意安全，防止跌伤意外事故
  - 幼儿园民间游戏的组织与指导案例

小案例

户外活动开始了，大班的孩子们和老师来到了幼儿园的操场上，小李老师抬出了一筐自制的沙包，对孩子们说道："今天我们的户外游戏就是玩沙包，你们可以和小伙伴一起玩，也可以自己玩，玩的时候要注意安全哦。"话音刚落，孩子们立刻蜂拥而至，将筐里的沙包一抢而空，没有抢到的小朋友很委屈："李老师，我没有沙包了。""老师说过，可以和小伙伴一起玩呀，去，找个小伙伴玩去吧。"小李老师有些不耐烦地回答。于是，孩子们在操场上开始了"沙包游戏"：有的孩子将沙包往空中进行抛接，有的孩子三三两两追逐打闹着，有的孩子因为被沙包砸中而开始告状，还有的将沙包抛到玩具架上……场面一片混乱。

大思考

①如果你是这位老师，你将如何开展此类民间游戏？

②幼儿园民间游戏的特点是什么？

③你会如何关注幼儿活动中的安全问题？

结合云南地区少数民族较多，民族资源比较丰富，以及农村幼儿园的地域特点和材料、场地优势，我们可以利用大量的民族特有资源和乡村自然材料，挖掘经典的传统民族民间游戏素材，选择和改编适宜各年龄段幼儿玩耍的幼儿游戏，运用于幼儿教育中，促进其身体健康发展及智力发展。

第一节 幼儿园民间游戏概述

一、幼儿园民间游戏的含义

游戏作为一种广泛存在的社会生活现象，积淀着丰富的社会文化内涵，是幼儿成长过程中不可缺少的一个重要部分。它将伴随幼儿健康、快乐地成长。在我国民间流传着许多具有浓厚生活气息、风格各异的游戏，我们把它叫作民间游戏。这些民间游戏有着浓厚的趣味性，广泛的传承性和独特的文化性，是民族传统，也是民族文化的一部分。

二、幼儿园民间游戏的特点

（一）幼儿园民间游戏易学、易会、易传

幼儿园民间游戏是民间孩子们自己创编的游戏活动，幼儿在民间游戏的过程中，始终处于积极、主动的地位。无论是对于游戏的选择，还是对于游戏角色的分配，其主体都是幼儿，所以游戏的设计都应当适于幼儿的思维，使他们容易接受游戏的内容，只有这样游戏才能得以流传。

（二）幼儿园民间游戏具有较强的趣味性和娱乐性

幼儿园民间游戏的内容一般较生动具体，形式也非常活泼、轻松，许多游戏中还

配有节奏明快、朗朗上口的儿歌和口令，幼儿在游戏中边玩边吟唱，始终处于欢乐之中。

（三）幼儿园民间游戏的开展具有很强的随机性

游戏的开展一般不会受到其他条件的限制，它只是存在于幼儿之间的一种文化，只要幼儿愿意进行游戏，那么它就会存在，并且会迅速地传播。它的进行不受时间、地点的限制，可以利用点滴的时间进行游戏。

（四）幼儿园民间游戏的玩具材料具有简便性

这一特点使民间游戏能在许多幼儿园中开展。幼儿园民间游戏使用的玩具十分简单、廉价，一般都是来自日常生活和自然的材料及半成品，甚至没有玩具也可以用替代物。

三、幼儿园民间游戏的意义

（一）民间游戏是对幼儿进行全面发展教育的重要形式

民间游戏是我国传统文化的一部分，它的内容比较符合幼儿的实际情况，这种传统的游戏比较适于幼儿的心理发展，并且易学、易懂，有利于幼儿的身心发展。

（二）民间游戏扩充了园本课程

由于民间游戏易于被幼儿所接受，所以在幼儿之间传播的速度较快。民间游戏是一种看不到、摸不着的物体，它是一种文化，但是它所反映的事物在现实生活中能够真真切切地被感受到，所以民间游戏能够得到幼儿的信赖。如果教师稍加引导，即可生出一个主题，内容涵盖科学、文化、艺术、语言等多个领域，这在一定程度上也改变了以往照搬异地教材，不考虑地域性和时令性的局限，符合了新纲要“一纲多本，突出地域性”的精神，扩充了园本课程，丰富了教育教学的内容，使教学内容更加贴近生活，贴近幼儿。民间游戏是一代又一代的人继承并发展的，所以当幼儿进行游戏时，只要他们产生兴趣，就会对游戏进行研究，这样就会对游戏的历史有一个初步的认识，从而促进民间游戏的发展。

(三)民间游戏丰富了幼儿园的游戏器械

民间游戏所使用的材料都来自现实生活,所以民间游戏比较贴近生活,因为构成生活的因素较多,所以在生活中经常会形成新的产物,这样就为民间游戏的发展提供了素材,利于民间游戏的创作,如羊骨头、线绳、杏核、烟盒、石子等都有可能成为游戏的重要组成部分。如把烟盒折叠成三角形进行翻拍游戏,训练臂力;把纸折成“子弹”的形状用自制的弹弓练习射击,训练手眼的协调性;利用沙包进行投掷练习;等等。设置良好的游戏条件和环境,根据幼儿的身心发展特点设置适当的民间游戏内容,能吸引家长和幼儿参与,提高幼儿教育的水平和质量。

(四)民间游戏能够促进孩子的动作发展

许多民间游戏能促进孩子走、跑、跳、钻等大肌肉动作,让孩子在游戏中锻炼身体,增强体质。例如:“跳房子”“跳绳”“萝卜蹲”“城门几丈高”“鸡蛋壳鸭蛋壳”“脚尖脚跟脚尖踢”等。一部分民间游戏能发展手的小肌肉群和手眼的配合协调,例如:“夹豆子”“吹羽毛”“堆馒头”“石头剪刀布”“弹弹珠”“推铁环”等。

(五)民间游戏能够促进孩子的社会性发展

有研究表明:积极的伙伴之间的社会化更可能出现在自由游戏中,而不是出现在成人组织或设计的活动中。民间游戏使孩子三五成群一起游戏,通过互相协调、模仿,学会与别人友好相处,使孩子助人、合作的心理品质得到发展,并学会自己解决人际矛盾,学会控制自己的情绪和行为。

(六)民间游戏能够促进孩子良好意志品质及规则意识的形成

民间游戏可以帮助幼儿摆脱自我中心,向社会合作发展。每个游戏的规则是每个幼儿必须遵守的。游戏对幼儿的诱惑,会使他们控制自己的行为而遵守规则,也让幼儿从新的角度看问题。这样,幼儿在与同伴游戏中掌握了规则,从而形成人际协调的合作关系。民间游戏的顺利进行,取决于孩子对游戏规则的掌握,取决于孩子的自我评价及别人的监督。这就发展了孩子辨别是非,正确评价自我及他人的能力。同时在游戏中,孩子会不断克服自身弱点,遵守规则,选择并忍受当前的挫折和不安,锻炼自己承受挫折、失败的能力,逐渐形成良好的情绪和意志品质。

（七）民间游戏有利于口语的表达

很多民间游戏还附儿歌，孩子必须边念、边唱、边玩，在游戏中相互交流，逐渐学习表达，从而丰富词汇，促进语言的发展。

第二节 幼儿园民间游戏指导要点

一、做好游戏前的准备工作

游戏前要全面了解幼儿的情况，包括体质、动作、能力等，有针对性地选编游戏，然后熟悉游戏内容及教育作用，掌握游戏的玩法，明确游戏的规则等，考虑游戏中要向孩子提出哪些能提升幼儿能力的问题，以及要预设回应孩子哪些生成化的主题内容。

二、增添有趣情节，灵活掌握幼儿的活动量

在组织幼儿游戏时发现，像“老鹰捉小鸡”这样的游戏，孩子们经常玩，时间久了，孩子们就会失去兴趣。因此，在游戏的过程中，为了使游戏注入新的活力，需要增添新的游戏情节，如开始时老鹰装着“卖米人”，一边模仿敲东西，一边不停地喊：“当、当、当，卖小米了，快来买呀！”这时鸡妈妈带领小鸡转一圈后问老鹰：“你的小米多少钱一斤？”老鹰回答：“一元钱一斤。”鸡妈妈说：“好，我买一斤。”然后鸡妈妈模仿付钱买米的动作，让小鸡们依次轮流假装着吃盘子里的小米，最后的一只小鸡假装把盛米的盘子摔了。老鹰让鸡妈妈赔偿盘子，鸡妈妈说：“不赔。”于是老鹰说：“不赔盘子，我就吃你的小鸡。”当鸡妈妈和小鸡看见老鹰扑来时，边跑边叫，孩子们玩得越加开心了。玩一段时间后，排头与排尾幼儿的活动量相差较大，在下次游戏时教师注意及时调换位置，让幼儿的活动量及时得到调整。

三、充分利用道具吸引幼儿

开展民间游戏以前,可根据游戏的内容、目的和要求进行场地布置,准备道具,为达到预期效果创造良好的物质条件,使幼儿的心情舒畅,对要玩的游戏产生迫不及待、跃跃欲试的感觉。民间游戏的玩具,都是来自生活,来自大自然之中,是自然的材料及半成品,如水、沙、石、泥、废油漆桶等。这些材料物美价廉,许多是不需要用钱购买的。由于它们没有固定的形式,不具体代表某一物体,幼儿在游戏时能根据自己的兴趣和需要,随意地将材料加以创造。如把一小截残缺的木头当小手枪,玩打枪游戏;用破布、铜钱做成"毽子"踢;用块残瓦片"跳瓦房"等。有一些幼儿游戏本身不需要玩具,如"斗鸡""烘烧饼""捉迷藏""背人""木偶人"等,都是利用幼儿的肢体进行的。

四、通过各种方式提醒幼儿遵守游戏规则

游戏的规则帮助幼儿摆脱自我中心,向社会合作发展。每个游戏的规则是每个幼儿必须遵守的。游戏对于幼儿的诱惑,会使他们控制自己的行为而遵守规则,也让幼儿从新的角度看问题。这样,幼儿在与同伴游戏中掌握了规则,从而形成人际协调的合作关系。例如游戏"城门几丈高",它的规则是:每个幼儿边念儿歌边一个一个从"城门"下钻过。但是,顽皮的幼儿难以遵守,教师请幼儿讲讲游戏的规则,顽皮的孩子为了能再次参加游戏而只能遵守游戏规则。

五、介绍民间游戏的名称、玩法和规则

组织游戏,合理安排队形;讲解简明扼要,生动形象;对小班幼儿最好用形象化口吻,边讲边示范,对中大班幼儿,较简单的游戏,一般在讲解后示范,较复杂的游戏,要边讲边示范,教师一人示范有困难时,可以请能力较强的幼儿参加。讲解和示范游戏玩法要突出游戏的规则。游戏的规则,有的是明显的规则,有的是隐藏的规则,幼儿必须按照规则控制自己的行为,学会用规则协调关系。

六、重视游戏前的热身运动

热身运动是游戏开始之前的必备环节。热身运动可以活动肢体、放松肌肉、促进

循环,使身体更好地适应接下来的主要活动。在具体的游戏中,应针对性热身,幼儿的哪个部位使用频率较高,在热身运动中就应增强该部位的热身程度。此外,热身运动最好能选取节奏明显、轻快的音乐,教师创编与游戏情节相关的简单动作,吸引幼儿积极参与,提高幼儿兴趣。

七、分配角色和分队

合理分配角色能充分发挥幼儿的积极性和主动性,利于游戏的顺利进行。

竞赛性游戏的分组(队),要注意能力强弱和男女幼儿的搭配,使各队力量大致均等。

八、培养幼儿良好的整理习惯和能力

游戏结束时教师可引导幼儿参与器材的收拾与整理,养成良好的物品归纳整理的习惯。

九、注意安全,防止跌伤意外事故

安全重于泰山。给予幼儿必要的保护和帮助,一方面要及时提醒幼儿注意安全,教孩子一些自我保护的方法,另一方面应随时对幼儿加以保护,对年龄较小、能力较弱、胆小和动作迟缓的幼儿更要特别关照。

第三节 幼儿园民间游戏的组织与指导案例

表3-1◆民间游戏的组织与指导案例(编花篮)

游戏名称	编花篮(大班)	
游戏目标	1.学习4人合作用脚编花篮的方法,巩固单脚跳的能力。 2.和同伴一起尝试不同的编花篮的玩法。 3.在游戏中能克服困难,体验合作游戏的快乐。	
游戏准备	《编花篮》音乐、放松音乐。	
	一、播放《编花篮》音乐,做热身运动。 师幼跟随音乐边说儿歌,边做热身运动。 师:小朋友们还记得《编花篮》这首儿歌吗?我们一起边说边跳一跳吧! 二、学习“编花篮”。 1.幼儿自主探索用脚编花篮。 师:小朋友们,你们见过花篮吗? 用什么编的? 花篮是怎么编的? 师:我们的小脚很能干,会走会跳,还能和小伙伴合作编成一个“花篮”。 师:今天,我们要用小脚玩一个新游戏,名字叫“编花篮”。 师:我们请4个小朋友来试一试编花篮,其他小朋友一起念儿歌帮助他们好不好。他们先怎么做? 接着呢?(用脚背勾得紧紧的) 2.学习“编花篮”的玩法。 第一种玩法:原地“编花篮”。 师:请4个小朋友为一组一起来编一编花篮。幼儿边念儿歌边编花篮。(放音乐《编花篮》)	建议:教师带领幼儿做热身运动,热身动作示范应规范标准到位。 建议:讲解游戏规则时可一边讲解,一边示范,加深幼儿的理解。

续表

游戏名称	编花篮(大班)	
游戏过程	师:你们在编花篮的时候遇到了什么困难,谁来帮助你们?站不稳该怎么办? 小结:编花篮的时候一只小脚要勾得紧,另一只小脚还要站得稳。一个小朋友摔倒了就不会成功,要齐心协力,要摔倒时可以寻找东西扶一扶。 第二种玩法:转花篮。 师:我们的花篮还会转呢?看看它是怎么转的?(一边拍手,一边转圈跳) 教师采用拍手、唱歌等方式让幼儿听着节奏再次转花篮。 小结:只要节拍一样,花篮就能转起来。 三、练习“编花篮” 幼儿自由分组讨论“编花篮”的玩法,并尝试分组玩游戏。教师对发现的问题及时进行指导。 四、创编“编花篮”。 1.师:除了4个人可以编花篮,5个人可不可以编花篮?请你们试一试。 2.师:我们的身体哪些部位可以编成花篮的样子呢?请大家想一想、试一试。除了小脚可以编花篮,我们的小手也能编花篮,小手可以怎样编花篮呢? 小结:“编花篮”的玩法这么多。除了可以增加人数,还可以变化身体部位。我相信,只要大家齐心协力,困难一定会得到解决。 五、放松活动。 师:小朋友们喜欢玩“编花篮”的游戏吗?“编花篮”的游戏要齐心协力才能完成,我们玩了这么久也累了,现在我们坐下来放松一下吧。	
游戏反思	活动前,没有考虑到幼儿平衡能力的水平和幼儿的身高问题,所以当幼儿一起合作“编花篮”时,遇到了很多问题。例如:幼儿不能一个一个有秩序地把脚搭上去。有一个幼儿平衡能力不好,刚搭好的“花篮”容易散开。我应充分考虑幼儿的身高,提前进行分组。	建议:教师可根据幼儿完成游戏情况适当增减游戏难度。

表3-2◆民间游戏的组织与指导案例(跳皮筋)

游戏名称	跳皮筋(大班)	
游戏目标	1.学习用踩、钩、越的方式跳皮筋。 2.学习与同伴用轮流的方法合作跳皮筋。	
游戏准备	皮筋六根、儿歌。	
游戏过程	一、带领幼儿做热身运动,活动筋骨,为下面的活动打好基础。 二、教师介绍游戏规则及游戏玩法。 1.了解跳皮筋的基本方法。 教师:刚才我们儿歌里的小孩玩的是什么游戏,你们知道吗?(他们玩的是跳皮筋) 2.教师出示皮筋让幼儿看,引导幼儿探索皮筋的玩法。 教师:皮筋可以怎么玩呢?请每五个人拿一根皮筋,找一块空地试试怎样玩。你们刚才是怎样玩的?(请幼儿说说自己的玩法) 3.教师重点讲解两人用腿绷皮筋,其余三人跳的玩法。 教师:两人用腿绷住皮筋,其余三人在皮筋上跳,皮筋不要拉得太紧,也不要拉得太松。 4.尝试在皮筋上用踩、钩、越的方法跳。 教师:我们用刚才学习的方法跳皮筋,想一想在皮筋上可以怎样跳? 三、幼儿五人一组分散探索,教师巡回观察。 教师小结:可以踩在皮筋上,可以越过皮筋,可以钩住皮筋跳过去。 四、结合儿歌运用踩、钩、跃的方法跳皮筋。 1.幼儿边念儿歌边游戏。 教师:我们都学会了跳皮筋的玩法。你们看,老师还可以一边念儿歌一边跳皮筋呢。 2.请个别幼儿试一试。 3.幼儿分组边念儿歌边跳皮筋,教师提醒幼儿用轮流的方法合作跳皮筋。	建议:教师带领幼儿做热身运动,热身动作示范应规范标准到位。 建议:讲解游戏规则时一边说一边示范,让幼儿更直观地理解游戏规则。

续表

游戏名称	跳皮筋(大班)	
	儿歌:小皮球,上高楼,马兰开花二十一。 二八二五六,二八二五七,二八二九三十一。三八三五六,三八三五七,三八三九四十一。四八四五六,四八四五七,四八四九五十一。五八五五六,五八五五七,五八五九六十一。六八六五六,六八六五七,六八六九七十一。七八七五六,七八七五七,七八七九八十一。八八八五六,八八八五七,八八八九九十一。九八九五六,九八九五七,九八九九一百零一。	
游戏反思	活动规则及玩法介绍中,应当说清楚,强化幼儿对每一步骤随儿歌跳五个拍,最后一拍结束后双脚踩绳跳下的认识。	建议:教师可根据幼儿完成游戏情况适当增减游戏难度。

表3-3◆民间游戏的组织与指导案例(推铁环)

游戏名称	推铁环(中班)	
游戏目标	1.能主动与同伴商量、合作游戏,提高参与和合作意识。 2.通过活动,培养勇于克服困难的精神,体验成功的快乐。	
游戏准备	用较粗的铁丝弯成一个大圆环,再用铁丝弯一个铁钩,铁钩的下端弯成U形。	
游戏过程	一、带领幼儿做热身运动,活动筋骨,为下面的活动打好基础。 二、介绍推铁环的过程和基本的游戏规则。 1.教师示范玩的过程,要求幼儿边走边推铁环,也可边跑边推铁环。 2.比赛时,幼儿分成两组进行,每组排头的幼儿先推,到达中点后返回,再把铁环交给下一位幼儿,看看最后哪组的幼儿推得快,最先完成。强调幼儿玩游戏时,必须注意安全。 三、幼儿进行游戏。 1.幼儿分组游戏。把幼儿分成两大组,幼儿积极地参与游戏,其他幼儿在一边加油。 2.教师引导幼儿思考,还有哪些玩法。 教师:我们可以一起尝试新的玩法,好不好? 四、游戏结束。 收拾物品,归放到原来的地方,带领幼儿一起做放松活动,结束游戏。	建议:教师带领幼儿做热身运动,热身动作示范应规范标准到位。

续表

游戏名称	推铁环（中班）	
游戏反思	此游戏充分锻炼幼儿的身体机能，增强幼儿之间的友谊，使幼儿体验到集体合作的快乐和满足，并能在活动中增强幼儿的自信心和竞争意识。幼儿能自主参与到游戏中，体验游戏的乐趣，尝试游戏合作的技巧，感受集体合作的力量和伟大。	建议：教师可根据幼儿完成游戏情况适当增减游戏难度。

表3-4◆民间游戏的组织与指导案例（城门城门几丈高）

游戏名称	城门城门几丈高（小班）	
游戏目标	1.练习钻的动作，发展动作的灵敏性与力量。 2.培养对民间游戏的兴趣。	
游戏准备	苹果、香蕉的头饰若干，布置游戏场地（城门、城墙），中间画直径约5米的圆圈若干个，选择民乐作为活动背景及准备操音乐。	
游戏过程	一、开始部分。 教师和幼儿骑大马念民谣，一个个从“城门”钻过到城里去玩。 教师请幼儿两人一组用手来搭一搭城门并边念民谣边学习游戏的开门关门规则。 二、基本部分。 1.教师请一位幼儿面对墙，搭成拱形城门，其余幼儿依次钻过城门。 2.教师提出游戏规则：当念到“瞧一瞧”时，做城门者下蹲放下手关城门，并问被关住的人选择要“苹果”还是“香蕉”，幼儿选择好以后，把头饰挂在脖子上，站到城门的队伍做城门。 3.教师继续提出游戏玩法及规则：“苹果”和“香蕉”站在场地的一个圆圈内，相互用肩膀、臀部把对方挤出圆圈外，看圆圈外“苹果”少还是“香蕉”多，哪队少就哪队胜。 4.幼儿在音乐的伴奏下做游戏一次。增加城门的高度再次游戏。 三、结束部分。 做放松活动，带幼儿回教室。	建议：教师带领幼儿做热身运动，热身动作示范应规范标准到位。 建议：教师可根据幼儿活动的实际情况调整运动量，安排适宜的游戏次数，并根据实际游戏中出现的问题给予具体的指导。
游戏反思	此游戏是昆明的一个传统民间游戏，应让幼儿一边念儿歌一边玩，发展幼儿钻的能力以及语言交往能力。	建议：教师可根据幼儿完成游戏情况适当增减游戏难度。

表3-5◆民间游戏的组织与指导案例(跳格子)

游戏名称	跳格子(小班)	
游戏目标	1.尝试不同的跳法跳过格子路。 2.遵守游戏规则,一个格子一个格子地跳,并跳入格子内。 3.通过游戏,体验健康活动的乐趣。	
游戏准备	不干胶、萝卜、沙、脸盆、拱形塑料玩具、轮胎、录音机、磁带。	
游戏过程	一、准备活动。 教师:小朋友们,跟着老师一起跳到草地上活动活动吧。 二、看格子图,尝试用不同的方法跳过五彩格子路。 1.提醒幼儿要一个格子一个格子地跳,并且跳入格子内。 教师:这里有这么多彩色格子路,真漂亮,怎么才能跳过去呢?我们来跳跳看。 2.幼儿讲述自己的跳法,个别幼儿进行示范。 教师:你们刚才是怎么跳的? 三、幼儿自由练习,提醒幼儿遵守游戏规则,并且尝试不同的方法。 教师:小朋友们真聪明,想出了那么多的花样,那我们再去试一试吧。 四、休息片刻,并交代游戏规则。 教师:小朋友们玩得肚子饿了吧,老师带你们去拔萝卜。去萝卜地的路上要钻过山洞,爬过山坡,还要跳过五彩格子路。这次的五彩格子路可有变化啰,方格子有大有小,还有向旁边的。跳的时候可要小心了,要用力地跳到格子里面去,记住了要跳到萝卜地里去,还要收了萝卜再跳回家哦! 五、幼儿自主进行游戏。 六、开展放松活动,总结活动。	建议:教师带领幼儿做热身运动,热身动作示范应规范标准到位。 建议:讲解游戏规则时可由教师或请两名幼儿示范,加强幼儿对游戏规则的理解。
游戏反思	当游戏开展到一定程度时,教师可以通过引导幼儿制定不同的跳格子的规则,满足不同层次幼儿的需要和创新欲望,从中发展幼儿的自主性,培养幼儿制定规则的能力和遵守规则的意识。注意观察幼儿在游戏中遇到困难时,能否自己解决。引导幼儿在游戏中学会协商自定游戏规则,并积极参与游戏规则的制定,促进幼儿社会性发展。	教师可根据幼儿完成游戏情况适当增减游戏难度。

第四章

乡村幼儿园一日生活各环节中游戏活动的组织与指导

学习目标

◎了解乡村幼儿园一日生活各环节中的游戏

◎掌握乡村幼儿园一日生活中各环节游戏的指导要点

◎尝试组织一日生活各环节的游戏

乡村幼儿园一日生活各环节中游戏活动的组织案例视频

思维导图

乡村幼儿园一日生活各环节中游戏活动的组织与指导

- 乡村幼儿园入园离园环节中游戏活动的组织与指导
  - 乡村幼儿园入园离园环节中的游戏活动
  - 乡村幼儿园入园离园环节中游戏活动的组织与指导案例
- 乡村幼儿园生活活动中游戏活动的组织与指导
  - 乡村幼儿园生活活动中的游戏活动
  - 乡村幼儿园生活活动中游戏活动的组织与指导案例
- 乡村幼儿园过渡环节中游戏活动的组织与指导
  - 乡村幼儿园过渡环节中的游戏活动
  - 乡村幼儿园过渡环节游戏指导要点
  - 乡村幼儿园过渡环节游戏的组织与指导案例
- 乡村幼儿园集中教学活动中游戏活动的组织与指导
  - 乡村幼儿园集中教学活动中的游戏活动
  - 乡村幼儿园集中教学活动中游戏活动的组织与指导案例
- 乡村幼儿园户外活动中游戏活动的组织与指导
  - 乡村幼儿园户外活动中的游戏活动
  - 乡村幼儿园户外活动中游戏活动的组织与指导案例
- 乡村幼儿园区域活动中游戏活动的组织与指导
  - 乡村幼儿园区域活动中的游戏活动
  - 乡村幼儿园区域游戏活动中游戏活动的组织与指导案例

小案例

乡村幼儿园一名4岁男孩勇勇，刚入园时，对幼儿园一日生活活动表现出了不适应，如：不喜欢洗手，洗手时不会正确使用“七步洗手法”。教师根据勇勇的实际情况，将“七步洗手法”的步骤编成手指游戏，在勇勇洗手时边念手指谣边指导他洗手，勇勇很快掌握了洗手方法，并且喜欢上了洗手。通过这样的方式，教师将游戏融入一日生活活动各环节，使其增加了趣味性，让孩子在游戏中愉快而有序地完成一日生活活动。如此一来，整天工作结束后，不仅教师觉得工作变得有序而轻松，孩子参与活动的积极性也提高了，更喜欢上幼儿园了。

大思考

①为什么要在幼儿园一日活动中渗透游戏？

②幼儿园一日活动中，哪些环节可以渗透游戏？

③上述案例中，孩子们为什么喜欢上幼儿园？

在乡村幼儿园一日活动各环节中有机融入游戏，一方面可以增强活动效果，另一方面又可以提高幼儿参与各环节活动的兴趣。游戏是孩子们最喜欢的活动形式，乡村幼儿园师幼比例较大，为了能够减少幼儿在各环节中的消极等待现象，教师可以适当加入游戏元素，确保一日活动各环节活动顺利开展、有序进行。本章将从乡村幼儿园一日活动各环节入手，介绍各环节游戏的指导要点，同时提供了一些游戏活动案例，供一线教师参考。

第一节 乡村幼儿园入园离园环节中游戏活动的组织与指导

一、乡村幼儿园入园离园环节中的游戏活动

（一）幼儿园入园离园中的游戏活动

全日制幼儿在每天早晨起床后，由家长送入幼儿园。入园环节是生活活动的重要内容，入园晨检结束后，幼儿陆续进入活动室，准备开始一天的活动。在入园过程中，许多幼儿园考虑到家长送孩子的路程有参差，几乎所有幼儿园入园时间都是较为弹性的，常见的入园时间是某个时段，一般横跨20~30分钟等，有的幼儿园入园持续的时间更长。基于此，不同幼儿入园时间都是有差异的，作为几十分钟的入园接待时间，适当组织一些游戏，既能够帮助幼儿稳定入园情绪，又可以避免陆续到园的幼儿发生混乱。因此，入园环节安排适当的游戏活动是非常有必要且可行的，以免到得早的幼儿有太多的消极等待时间。

离园环节包括的活动内容有：整理着装，等待家长来接；在离园交接环节中，做好接送牌的收取和管理，避免幼儿走失。离园环节也会涉及离园前的准备和等待，甚至有的家长在来接的途中可能会遇上特殊情况，无法准时到园接。在离园环节，组织适当的游戏活动，对稳定班级幼儿情绪、做好离园前的准备、维持秩序等都有益处。

(二)幼儿园入园离园中游戏的组织与指导

幼儿入园和离园环节的游戏活动,需要注意以下的指导要点。

第一,结合入园和离园的特点来设计适当的游戏内容。在设计入园和离园游戏活动时,要充分考虑所在园所入园离园时间的安排及班级幼儿总体的实际情况。

第二,入园和离园游戏活动的设计组织,需要考虑幼儿的年龄特点。不同年龄阶段幼儿的发展特点不同,特别是能力水平存在较大差异,所以在设计或选择游戏时,需要充分考虑幼儿的年龄特点。此外,不同年龄段幼儿的情感发展存在差异,小班幼儿情绪不稳定,入园和离园环节游戏的侧重点可以考虑稳定情绪。中大班幼儿,可以更多考虑一些规则游戏,特别是智力游戏。

第三,入园和离园游戏的选择和设计,需要充分考虑幼儿人数弹性化变化问题,选择对于人数没有严苛要求的游戏活动。在入园和离园两个环节,幼儿人数随时都会有变化,还会受到外界的诸多干扰,因此考虑选择不受上述因素影响的游戏。

第四,入园和离园游戏所需时间和场地需要与实际情况相符合。在选择和设计该环节游戏活动时,要考虑时间和场地因素,一般不进行户外游戏,以免活动范围过大,教师无暇顾及。

二、乡村幼儿园入园离园环节中游戏活动的组织与指导案例

案例

小铃鼓

游戏活动名称(类型):小铃鼓(入园环节游戏)

适用年龄:3~4岁(小班)

◆一、游戏价值

1.培养幼儿良好的倾听习惯、记忆力及快速反应的能力。

2.能听声音辨别5以内的数量。

◆二、游戏准备

铃鼓一个。

◆三、游戏玩法及规则

1. 教师拍手并问“拍了几下”，幼儿回答。

2. 教师出示铃鼓强调规则，铃声停，就说出听到的次数。

3. 幼儿熟练游戏规则后，可以让一名幼儿敲铃鼓，其余幼儿说一说敲了几下。

◆四、附录或补充材料

教师可准备一些数字卡，让幼儿不仅仅通过说的方式巩固5以内数的认识，也可以通过听音后找出相应的数字卡，巩固对数字的初步认识。

水果蹲

游戏活动名称（类型）：水果蹲（入园环节游戏）

适用年龄：4~5岁、5~6岁（中班、大班）

◆一、游戏价值

1. 听口令玩游戏，锻炼反应能力和倾听能力。

2. 积极参与游戏，大胆进行语言表达。

◆二、游戏准备

1. 在日常生活中引导幼儿认识一些时令水果，与幼儿交谈有关水果的知识经验。

2. 水果胸卡若干。

◆三、游戏玩法及规则

1. 幼儿戴上胸卡扮演各种水果宝宝。

2. 幼儿听教师口令念儿歌，被提到的幼儿根据内容做下蹲动作，然后说出下一种水果。

3. 答错的幼儿暂停游戏，直至本轮游戏结束。

◆四、附录或补充材料

1. 歌谣。

苹果蹲，苹果蹲，苹果蹲完香蕉蹲。香蕉蹲，香蕉蹲，香蕉蹲完草莓蹲……

2. 注意事项。

教师要提醒幼儿记住自己扮演什么水果宝宝。

可根据人数及幼儿熟练程度适当分组开展游戏。

你来猜一猜

游戏活动名称(类型):你来猜一猜(入园环节游戏)

适用年龄:5~6岁(大班)

◆一、游戏价值

1.尝试用较准确的词语来描述事物特征,发展语言表达能力及逻辑思维能力。

2.学会倾听他人的讲话,大胆进行猜测。

◆二、游戏准备

"魔箱"(废纸箱做成)1个,"奇妙的口袋"(棉布做成)每人1个。提供材料、质地、形状不同的各种小件物品。

◆三、游戏玩法及规则

1.教师将各种物品摆放在桌面上,幼儿观察、认识、记住物品名称,然后将这些物品放在"魔箱"里。

2.请个别幼儿从"魔箱"中摸一样物品,然后用语言描述这一物品的形状、特征等,大家一起来猜一猜物体的名称。三次猜不中则揭晓答案,结束游戏。(描述的幼儿如果直接说出物品名称则游戏结束,换一名幼儿重新开始游戏)。

◆四、附录或补充材料

建议:幼儿熟练后可以通过分组游戏形式开展。

每组轮流由一名幼儿从教室或"魔箱"选择一种物品放在"奇妙的口袋"里,描述物品的特征,让组里的同伴猜一猜物品的名称。

神奇小动物

游戏活动名称(类型):神奇小动物(离园环节游戏)

适用年龄:3~4岁(小班)

◆一、游戏价值

1.促进消化,促进血液循环。

2.积极参与游戏活动,情绪愉快。

◆二、游戏准备

认识并且熟悉各种小动物走路动作,姿态。

◆三、游戏玩法及规则

1.等待并组织幼儿有序排队。

2.幼儿一边走一边听指令模仿小动物走路的动作或姿态。

3.教师发指令时需要选择走路缓慢的小动物如乌龟、企鹅、大象等,不宜过于激烈。

◆四、附录或补充材料

无。

开心动物园

游戏活动名称(类型):开心动物园(离园环节游戏)

适用年龄:4~5岁、5~6岁(中班、大班)

◆一、游戏价值

1.学习一边拍节奏一边说出动物园里的动物名称。

2.大胆模仿动物的动作。

3.情绪愉快,积极参与到游戏中。

◆二、游戏准备

各种动物名称。

◆三、游戏玩法及规则

1.幼儿学习打节拍:第一拍拍手,第二拍拍腿,反复、连贯拍出节奏。

2.大家一边拍节奏。一边问"动物园里有什么?"第一位幼儿任意说出一种动物,如"动物园里有猴子",并模仿猴子的动作。接下来另一位幼儿接着边说另一种动物边做动作。(整个游戏中所有幼儿都要一起打节拍)

3.如果有幼儿重复了前面小朋友说过的动物名称,则游戏结束,该幼儿为大家表演一个节目,游戏重新开始。

◆四、附录或补充材料

可以变化游戏主题,如果园、游乐场等。

第二节 乡村幼儿园生活活动中游戏活动的组织与指导

一、乡村幼儿园生活活动中的游戏活动

(一)幼儿园生活活动中的游戏

幼儿园一日活动中,生活活动包括入园、晨检、早操、进餐、饮水、睡眠、盥洗、如厕、自由活动、散步、课间活动、整理、离园等环节,广义的生活活动是指幼儿园一日活动中,除了教学、游戏活动以外的一切日常活动,是为了满足幼儿基本生活需要,维持个体生存和发展的基本活动,是一种常规性的生活活动,也是对幼儿进行全面和谐教育的重要途径和手段。幼儿园生活活动是一日生活的重要组成部分,在科学合理的生活活动中,幼儿的基本需求才能得以满足,身心健康和谐发展才有可能得以实现。

幼儿园生活活动作为一日活动的重要组成部分,和其他活动之间,既有联系又有区别。幼儿园生活活动特点主要体现在重复性、自在性、制度性、整体性、情感性。

结合幼儿园生活活动的含义、内容和特点,幼儿园生活活动中融入游戏元素就显得尤为重要。幼儿园生活活动中的游戏,在不打乱生活常规的基础上,让幼儿感受生活活动的乐趣,同时也便于教师进行组织和管理,能够对生活活动的效果起到极大的促进作用。

(二)幼儿园生活活动中游戏的组织与指导

1.幼儿园生活活动中的游戏,要体现趣味性

幼儿园生活活动在形式上是重复的,幼儿每天都在相同的时间、地点按照基本相同的节奏与教师和同伴一起度过一日生活的各个环节。例如幼儿每天按照一定的时间要求入园、晨检、进餐、盥洗、饮水、如厕、睡午觉等,在长期的重复的生活活动中,幼儿可以养成良好的生活习惯。与此同时,在机械重复的生活活动中,幼儿容易产生疲劳、乏味等情况。赋予生活活动趣味性,既可以增加幼儿参与的积极性,又能够最大

限度实现活动的效果。力争通过游戏化的生活活动，建立常规良好的班级，如此，教师在组织生活活动过程中，显得非常轻松，幼儿也表现得自在自如，活跃而不乱。

2.需要依据生活活动的内容和要求来设计幼儿园生活活动中的游戏

在设计和组织指导生活活动游戏化过程中，要明确设计生活活动游戏的目的是帮助幼儿形成良好生活常规、习惯，提升生活能力。因此，在设计游戏时，应当特别关注生活活动内容本身及活动要求，紧扣相应的生活活动内容及指导要点设计游戏的规则和要求，力求游戏内容与生活活动目标相得益彰、自然结合。

3.幼儿园生活活动中的游戏需激发幼儿生活活动的自主性

相较于教学活动，生活活动对于幼儿来说，没有明显的、外在的、明确的目标要求，在活动内容上，幼儿也有较大的自主性，活动过程中，教师的直接干预较少，活动氛围往往较为宽松。在设计生活活动游戏过程中，应当体现游戏的自主性，激发幼儿在生活活动游戏中发挥主观能动性，尽可能让幼儿做到：我愿意、我想要参与该生活活动游戏，并能够在参加活动中获得愉悦、自由的内心体验。

4.明确幼儿园生活活动中的游戏宗旨是帮助幼儿提升生活能力

幼儿园生活活动中的游戏，是为提升幼儿生活能力而设计的活动。因此，游戏的设计，其价值追求侧重点就是提升幼儿生活能力。教师在组织和指导生活活动游戏时，也应当侧重将各生活环节的指导要点、学习要点融入游戏要求中。

5.不强求每一个生活活动都有游戏设计，游戏元素的融入需自然而然

在进行生活活动游戏设计时，不生搬硬套地将每一个内容都赋予游戏形式，有些生活活动内容就不太适合游戏化处理，例如喝水、进餐等环节。在进餐环节，如果不当地将其游戏化，幼儿在兴奋的情况下，很容易发生气管异物的安全问题，喝水环节也是如此。因此，在生活活动中，游戏元素的融入，要做到自然而然。

二、乡村幼儿园生活活动中游戏活动的组织与指导案例

案例

点点豆豆

游戏活动名称(类型):点点豆豆(盥洗环节游戏)

适用年龄:3~4岁(小班)

◆一、游戏价值

1.建立良好的洗手习惯。

2.减少盥洗过渡环节中的消极等待。

3.为进一步的活动组织做准备。

◆二、游戏准备

幼儿已有的儿歌、童谣。

◆三、游戏玩法及规则

1.游戏玩法和规则。

教师按顺序来"点点豆豆,点到谁就是谁",被点到的组,先念一遍七步手指谣,然后去洗手。

2.指导要点。

(1)要结合幼儿实际盥洗时间来决定每一轮游戏的时长,避免出现消极等待。

(2)对于已经洗过手的幼儿,可以让其尝试玩另外的手指游戏。

(3)幼儿如果有按顺序点数的能力,可以由个别幼儿来做"点点豆豆"。

◆四、附录或补充材料

七步洗手谣:

两个好朋友手碰手。你背背我,我背背你。来了一只小螃蟹,小螃蟹。举起两只大钳子,大钳子。我跟螃蟹点点头,点点头。螃蟹跟我握握手,握握手。

打地鼠

游戏活动名称(类型):打地鼠(盥洗环节游戏)

适用年龄:4~5岁(中班)

◆一、游戏价值

1.减少在过渡环节中的消极等待。

2.加强有序盥洗的常规培养。

3.在游戏中体验游戏乐趣,促进动作的发展。

◆二、游戏准备

长条气球3~5个。

◆三、游戏玩法及规则

1.游戏玩法和规则。

小朋友们伸出小手捏拳做“地鼠”,3~5个小朋友拿着气球打地鼠,规定时间为30 S左右,时间到,第一轮小朋友去盥洗,第二轮另外的小朋友来打地鼠,时间持续到第一轮盥洗幼儿盥洗结束,再轮到下一组,依次轮完,盥洗完毕的小朋友继续扮演地鼠。

2.指导要点。

(1)要对幼儿提出要求:不可以用很大的力气打地鼠,只可以用气球打地鼠。

(2)注意观察幼儿的盥洗情况以便于安排游戏时间。

(3)要和保育员教师充分配合,了解幼儿的游戏和盥洗情况。

◆四、附录或补充材料

无。

神奇快递员

游戏活动名称(类型):神奇快递员(盥洗环节游戏)

适用年龄:5~6岁(大班)

◆一、游戏价值

1.减少在过渡环节中的消极等待。

2.加强有序盥洗的常规培养。

3.体验游戏表演及动作传递的乐趣。

◆二、游戏准备

各种事物的图片。

◆三、游戏玩法及规则

1.游戏玩法和规则。

每组幼儿3~5人，第一个幼儿根据看到的内容，只可以用动作表示出看到的图片事物，传递给下一个小朋友，一直传到最后，说出所传递的事物是什么。

2.指导要点。

(1)教师要创设一定的情景。

(2)每组幼儿的人数要根据盥洗室能容纳幼儿的多少来确定，防止幼儿在盥洗室拥挤，消极等待。

◆四、附录或补充材料

无。

我会上厕所

游戏活动名称(类型)：我会上厕所(如厕环节游戏)

适用年龄：3~4岁、4~5岁、5~6岁(小班、中班、大班)

◆一、游戏价值

1.知道如厕时要排队，不大声喧哗。

2.养成便后塞衣服、洗手的好习惯，培养规则意识及自主能力。

◆二、游戏准备

儿歌《如厕》。

◆三、游戏玩法及规则

1.组织幼儿有序排队。

2.念儿歌。

(1)教师示范，幼儿仔细听。

(2)重复儿歌，幼儿尝试跟着念。

(3)师幼共同念儿歌。

◆四、附录或补充材料

儿歌：《如厕》。

小朋友，上厕所，不推不挤排好队，卫生间里慢慢走，结束之后塞衣服，洗洗小手真干净，我是能干的好宝宝。

乘飞机

游戏活动名称(类型):乘飞机(散步环节游戏)

适用年龄:3~4岁、4~5岁(小班、中班)

◆一、游戏价值

1.保证食物进入肠胃,消化吸收。

2.适应集体生活。

◆二、游戏准备

户外活动场地。

◆三、游戏玩法及规则

幼儿听取教师指令,跟着教师口令做动作:

飞机起飞,(幼儿系"安全带")

飞机升空,(幼儿踮脚走)

飞机平稳飞行,(幼儿慢慢往前走)

飞机遇到障碍物,(幼儿蹲下,慢慢往前走)

飞机转弯。(幼儿双手一高一低抬起,保持身体平衡往前走)

◆四、附录或补充材料

建议:教师应根据幼儿进餐时间,灵活调整游戏内容,删除一些剧烈的动作,避免幼儿出现肠胃不适。

听音辨人

游戏活动名称(类型):听音辨人(散步环节游戏)

适用年龄:5~6岁(大班)

◆一、游戏价值

1.促进食物消化,血液循环。

2.活动中保持愉悦心情。

◆二、游戏准备

场地、毛巾一条。

◆三、游戏玩法及规则

幼儿围成圆形，面向内，一名幼儿做领头人，站在圆中，教师为其蒙上毛巾，在原地转两个圈，然后领头人向任一方向指向一名幼儿，被指到的幼儿马上说："请问我是谁？"(被指的幼儿可以变换腔调来提问)。领头人根据被指人的口音辨别他是谁。如猜对了，2人交换角色，如没猜对，再猜一次。两次都没猜对则要受罚。受罚后，找另一个幼儿做领头人，游戏继续进行。

◆四、附录或补充材料

无。

穿衣服

游戏活动名称(类型)：穿衣服(午睡环节游戏)

适用年龄：3~4岁(小班)

◆一、游戏价值

1. 在游戏中赶走睡意，快速清醒。

2. 通过儿歌学习如何穿衣服，提升自主管理能力。

◆二、游戏准备

儿歌《穿衣服》。

◆三、游戏玩法及规则

1. 轻声唤醒熟睡中的幼儿。

2. 集体有序一边念儿歌，一边穿衣服。

(1)教师示范，幼儿仔细听。

(2)重复儿歌，幼儿尝试跟着念。

(3)幼儿一边念儿歌一边自主穿衣服。

◆四、附录或补充材料

儿歌《穿衣服》：

一件衣服四个洞，宝宝套进大洞洞，脑袋钻出中洞洞，小手伸出小洞洞。小纽扣，钻洞洞，一二三，钻出来。

睡觉觉

游戏活动名称(类型):睡觉觉(午睡环节游戏)

适用年龄:4~5岁(中班)

◆一、游戏价值

1.养成按时午睡、安静入睡的好习惯。

2.在睡前积累绘本故事。

◆二、游戏准备

有声绘本《小熊宝宝绘本——睡觉》。

◆三、游戏玩法及规则

1.幼儿将衣物脱了整理好放到指定位置,盖好被子安静躺在小床上。

2.教师讲述或播放有声绘本《小熊宝宝绘本——睡觉》。幼儿闭着眼睛聆听绘本故事,感受故事内容。

3.午睡起床后,尝试用自己的语言向同伴讲述故事内容。

◆四、附录或补充材料

无。

大灰熊

游戏活动名称(类型):大灰熊(午睡环节游戏)

适用年龄:5~6岁(大班)

◆一、游戏价值

1.提升自主穿脱衣服、整理床铺的能力,并增加熟练度。

2.提升自我管理能力及生活自理能力。

◆二、游戏准备

音乐。

◆三、游戏玩法及规则

1.小朋友们,山上有一只大灰熊,音乐停止,它就会醒来。我们要加油,在它睡醒之前整理好走出睡室。要是音乐停止还没有出睡室的小朋友就会被大灰熊抓走。

2.播放音乐,幼儿迅速穿衣服、整理床铺。

3.音乐停止,对于还没穿好衣服、整理好床铺的小朋友,教师适当进行提醒。

◆四、附录或补充材料

无。

第三节 乡村幼儿园过渡环节中游戏活动的组织与指导

一、乡村幼儿园过渡环节中的游戏活动

(一)过渡环节游戏的含义

过渡环节是指幼儿在一日活动中从一个活动转向另一个活动时产生的中间阶段。过渡环节可分为八类:晨间入园、户内外过渡、“教学—游戏”过渡(这里的游戏主要是指区域游戏)、点心前后过渡、餐前过渡、餐后过渡、午睡前过渡以及整理环节。

过渡环节游戏就是指在过渡环节中进行的游戏,包括餐前游戏、餐后游戏、离园前游戏、户内外过渡游戏、午睡前过渡游戏等游戏。目前,在幼儿园中,常用的过渡游戏有钢琴弹奏引导、故事引导、歌唱引导、儿歌引导等。

(二)过渡环节游戏的特点

(1)过渡环节游戏不受空间、材料、场地、人数的限制,方便利用碎片时间。

(2)游戏形式简单活泼,易学、易懂、易传。

(3)以儿童文学的儿歌、手指谣等为主。

(三)过渡环节游戏的意义

对于活动的组织来说,过渡环节作为幼儿园一日生活各个环节的纽带,既能减少各个活动部分的低效衔接,起着中转和衔接的作用,又能满足幼儿身心调节的需求,保证一日生活如流水般顺畅自如,因此蕴含着丰富的教育价值。

对于幼儿来说,顺畅的环节过渡有助于幼儿更好地投入每个环节中,也能让幼儿理解各个环节的顺序、组成以及意义。在过渡环节中,有效的语言交流能够提高幼儿的表达能力,也能让幼儿对各个环节加深理解。趣味的游戏活动能够让幼儿获得健康的生活体验,形成良好的生活习惯,对日常常规的遵守也会在潜移默化中得到教育培养。

二、乡村幼儿园过渡环节游戏指导要点

(一)根据幼儿的思维特点,确定适合的指导方法

比如图示法,例如较为经典的手指游戏就是“手指谣”,在开展这类手指游戏的过程中,教师可以根据儿歌的歌词绘制图示,让幼儿对歌词内容有大致的印象,对图示中的样子进行模仿,比如图示出现了叉叉叉的部分,幼儿就会以同样的手指动作去演。

(二)注重活动之间的连接性,保证游戏活动的有效性

过渡环节的游戏可以是对前一个活动内容的游戏性回顾,也可以是对即将进行的活动进行铺垫,利用儿歌童谣等方式对幼儿进行提示。

三、乡村幼儿园过渡环节游戏的组织与指导案例

案例

谁不见了

游戏活动名称(类型):谁不见了(餐前环节游戏)

适用年龄:3~4岁(小班)

◆一、游戏价值

1.通过游戏,锻炼观察力与专注力。

2.能够清晰记忆物体的不同特征,并大胆表达。

◆二、游戏准备

动物毛绒玩具五个。

◆三、游戏玩法及规则

游戏一:教师出示三个毛绒玩具,让幼儿观察10秒钟,然后请幼儿闭上双眼,教师迅速拿走其中的一个玩具,请幼儿睁开双眼说一说什么不见了。

游戏二:教师出示五个毛绒玩具让幼儿观察10秒钟,然后请幼儿闭上双眼,迅速拿走其中的一个玩具,请幼儿睁开双眼说一说什么不见了。

游戏三:教师出示五个毛绒玩具让幼儿观察10秒钟,然后请幼儿闭上双眼,迅速拿走其中的两个玩具,请幼儿睁开双眼说一说什么不见了。

◆四、附录或补充材料

建议:可根据幼儿实际游戏水平,替换游戏材料(多种类)或增加游戏材料数量,不断激发幼儿参与游戏的兴趣。

手指谣

游戏活动名称(类型):手指谣(餐前环节游戏)

适用年龄:4~5岁(中班)

◆一、游戏价值

1.能一边念儿歌一边做相应的手指动作。

2.在不断变化的节奏中体验游戏的快乐。

◆二、游戏准备

手指谣。

◆三、游戏玩法及规则

1.幼儿一边完整念儿歌一边做手指动作。

2.待熟悉儿歌内容后,教师提醒幼儿加快速度,手口一致念儿歌。

3.教师请两名幼儿进行比赛,念得又快又好、动作协调的幼儿获胜。

◆四、附录或补充材料

手指谣：

食指拇指碰碰，做只小鸡叫叫：叽，叽，叽！

食指中指并拢，做把剪刀玩玩：嚓，嚓，嚓！

五个手指捏捏，做个榔头敲敲：咚，咚，咚！

伸出拇指翘翘，夸你戴上红花：好，好，好！

说相反

游戏活动名称（类型）：说相反（餐前环节游戏）

适用年龄：5~6岁（大班）

◆一、游戏价值

1. 培养倾听能力及思维敏捷性。

2. 大胆表达自己的见解。

◆二、游戏准备

识字量的积累。

◆三、游戏玩法及规则

1. 教师边拍手边说"我说大"，幼儿马上拍手接说"我对小"。

2. 教师变换拍手的节奏来增加游戏的兴趣性。

3. 幼儿熟悉游戏以后，请一名幼儿来说，其余幼儿回答。

◆四、附录或补充材料

可提供一定数量的识字图卡，让幼儿做反义词配对游戏。

开火车

游戏活动名称（类型）：开火车（户外活动前游戏）

适用年龄：3~4岁（小班）

◆一、游戏价值

建立良好的户外活动前排队常规。

◆二、游戏准备

歌曲《火车开了》。

◆三、游戏玩法及规则

教师播放音乐《火车开了》，幼儿听到音乐后做小司机动作向排队的地点移动，按照到达先后顺序依次排队并在原地做开火车动作，音乐停止，站在原地不动，教师根据情况整理队伍。

◆四、附录或补充材料

无。

红绿灯

游戏活动名称（类型）：红绿灯（户外活动前游戏）

适用年龄：4~5岁（中班）

◆一、游戏价值

1.户外活动热身准备。

2.激发参与户外活动的兴趣。

◆二、游戏准备

红绿灯标志牌、上下坡标志牌、转弯标志牌等。

◆三、游戏玩法及规则

1.游戏玩法和规则。

幼儿自由在场地中做开汽车动作，注意观察教师指示，当教师出红绿灯牌时，小朋友要大声喊出："红灯停"或者"绿灯行"，并且做出刹车动作或者启动车子的动作。未按要求做动作的幼儿停止游戏一轮。

2.指导要点。

(1)提醒幼儿注意安全，注意控制幼儿速度，不宜过快。

(2)幼儿可担任指挥者，任意举牌与同伴进行游戏。

◆四、附录或补充材料

无。

小老鼠上灯台

游戏活动名称(类型):小老鼠上灯台(户外活动前游戏)

适用年龄:5~6岁(大班)

◆一、游戏价值

1.在游戏中锻炼快速反应能力。

2.感受与同伴交往的愉悦。

◆二、游戏准备

歌曲《小老鼠上灯台》。

◆三、游戏玩法及规则

小朋友两两相对,四只手都竖起大拇指,游戏双方依次握住彼此的拇指,处于下面的大拇指抽出握住上面的大拇指,两拍更换一次,交替进行。歌曲唱完,大一起说“抓”的同时,下面的手快速抽出去抓最上面的手的大拇指,幼儿要将最上面的手迅速背到自己身后。抓住了击一下掌,没有抓住就说“你抓不着”。

◆四、附录或补充材料

无。

小手拍拍

游戏活动名称(类型):小手拍拍(集中教学前游戏)

适用年龄:3~4岁(小班)

◆一、游戏价值

1.集中注意力,激发学习兴趣。

2.培养初步的倾听习惯。

◆二、游戏准备

儿歌《小手拍拍》。

◆三、游戏玩法及规则

1.教师组织幼儿安静有序坐下,教师与幼儿共同念儿歌,熟悉儿歌内容。

2.师幼互动:教师念前半句,幼儿根据儿歌内容边说边做后半句。

3.当幼儿熟悉游戏内容后,教师念前半句,鼓励幼儿随意说第二句,并指出相应部位。

◆四、附录或补充材料

儿歌——《小手拍拍》

小手小手拍拍,小手放在脑袋上。

小手小手拍拍,小手放在耳朵上。

小手小手拍拍,小手放在嘴巴上。

小手小手拍拍,小手放在小腿上

小手小手拍拍,小手放在……

小手小手拍拍,小手小手藏起来。

我们一起做

游戏活动名称(类型):我们一起做(集中教学前游戏)

适用年龄:4~5岁、5~6岁(中班、大班)

◆一、游戏价值

1.集中注意力,激发学习兴趣。

2.初步建立良好的倾听习惯。

◆二、游戏准备

儿歌:《我们一起做》。

◆三、游戏玩法及规则

1.教师组织幼儿安静有序坐下,示范游戏玩法,幼儿仔细观察。

2.教师和幼儿互动。(教师念数字,幼儿一边回答一边做出相应动作)

3.重复游戏,教师可根据幼儿熟练程度提出要求:幼儿只回答儿歌内容不做动作或只做动作不说话。

4.当幼儿熟悉游戏内容后,教师可随机说出数字(如3,4),让幼儿迅速回答相应内容并做出动作。

◆四、附录或补充材料

儿歌《我们一起做》:

1,2,拍拍手。

3,4,点点头。

5,6,跺跺脚。

7,8,不说话。

9,10,快坐正。

第四节 乡村幼儿园集中教学活动中游戏活动的组织与指导

一、乡村幼儿园集中教学活动中的游戏活动

(一)集体教学活动游戏化①

集体教学活动是我国幼儿园常见的教育活动组织形式,属于“非游戏活动”。在集体教学活动中恰当地运用游戏因素,可以激发和调动幼儿参与活动的积极性,提高集体教学活动的质量。

教学游戏化就是充分利用游戏因素,服务于特定的教育目标和任务,将要传授的内容巧妙地渗透到游戏中,使幼儿在教学中做到“玩中学”。

① 刘焱.幼儿园游戏与指导[M].北京:高等教育出版社,2012.

（二）集体教学活动游戏化的必要性

集体教学活动能够在短时间内向全体幼儿传达相应的教育内容，让幼儿学习一些知识与技能。在集体教学活动中，幼儿可学会倾听和表达，学习遵守集体活动规则，对于幼儿的社会性发展和做好入学准备具有积极的意义。

集体教学活动要取得较好的活动效果，必须采用能够吸引幼儿积极主动参与的适宜的教学方法。采用幼儿喜闻乐见的游戏形式，把游戏活动渗入集体教学活动中，是增强集体教学活动效果的有效手段。

（三）集体教学活动中游戏因素的运用

集体教学活动可以分为开始、进行和结束等三个阶段。在不同的阶段，可以根据不同的目的运用不同的游戏因素来提高幼儿参与活动的积极性和集体教学活动的质量。

1. 开始阶段

集体教学活动的开始阶段的重要任务是集中幼儿的注意力，激发幼儿对于将要开始的学习活动的兴趣。教师可以适当运用游戏集中幼儿的注意力，激发幼儿参与活动的积极性。

2. 进行阶段

进行阶段是集体教学活动的主体部分。这个阶段的活动主要是让幼儿理解和掌握一定的知识技能。教师可以利用多种游戏来调动幼儿参与活动的积极性，帮助幼儿理解新的概念、事物或现象之间的关系，练习新的技能等。

3. 结束阶段

可以根据进行阶段活动的特点，采用多种方式方法来结束集体教学活动。

二、乡村幼儿园集中教学活动中游戏活动的组织与指导案例

案例

打蚊子

游戏活动名称（类型）：打蚊子（音乐游戏）

适用年龄：3~4 岁（小班）

◆一、游戏价值

1.激发打蚊子的兴趣，逐步形成一些与生活经验相联系的实物概念。

2.体验音乐游戏活动带来的快乐。

◆二、游戏准备

《打蚊子》音乐、自制蚊子一个。

◆三、游戏玩法及规则

1.听音乐律动进场。

师：小朋友们，现在和老师一起听音乐进教室做游戏吧。

2.情景导入，初步感知打蚊子的节奏。

(1)初步感知打蚊子的节奏。

问：夏天到了，有小蚊子咬我们，我们该怎么办？

小结：有节奏地打蚊子，初步感知音乐中打蚊子的节奏。

(2)感知音乐旋律，熟悉音乐结构。

问：乐曲叫什么名字？乐曲讲了一件什么事？

(3)再次欣赏音乐，听懂音乐旋律变化。

问：哪里是蚊子出来的音乐？哪里是小动物出来的音乐？

小结：听音乐，根据音乐旋律变化，完整表现。

3.听音乐玩游戏，知道遵守游戏规则并开展游戏。

规则：音乐开始时，小动物们在草地上活动，跑跑跳跳，当音乐旋律变化、小蚊子出来时，小动物就不能动，听到蚊子声停止就打蚊子，当音乐旋律又回到开始时，小动物则继续活动。

(1)第一遍玩游戏，在音乐旋律变化时感知游戏规则。

问：当听到小蚊子出来的音乐时，小动物们要怎么办？

小结：音乐中小蚊子出现的时候，小动物就不能动，不然就打不到蚊子了。

(2)第二遍玩游戏，巩固游戏规则，进一步熟悉音乐的变化。

师：小动物要仔细听，记住当听到小蚊子出来时，我们不能动。

小结：在音乐变化时能有相应的动作，遵守游戏规则。

(3)第三遍玩游戏，熟悉游戏规则，掌握音乐旋律的变化。

问：你们刚才用身体的什么部位打到蚊子的？小蚊子还会飞到我们身体的什么地方？

小结：熟悉游戏规则，变换不同的部位打蚊子，能完整地在音乐中根据旋律进行表现。

(4)第四遍玩游戏，自由选择角色，自由表现。

问：谁愿意来做小蚊子？

师：小动物们注意了，现在有很多小蚊子，它们会飞到不同的地方。

小结：在音乐中根据自己的角色进行自由表现。

4.活动结束

我们一起去外面做游戏吧。

◆四、附录或补充材料

1.音乐：《打蚊子》。

2.此游戏可用于小班音乐集中教学活动的进场、热身等环节，也可直接作为一次集中教学活动开展。

棕色的熊，棕色的熊，你在看什么？

游戏活动名称(类型)：棕色的熊，棕色的熊，你在看什么？(语言游戏)

适用年龄：3~4岁(小班)

◆一、游戏价值

1.初步感受重复句式带来的语言乐趣，对动物和颜色进行描述。

2.激发兴趣，培养对事物的观察能力以及语言表述能力。

◆二、游戏准备

绘本《棕色的熊，棕色的熊，你在看什么？》，更多不同颜色、花纹动物的卡片，转盘。

◆三、游戏玩法及规则

1.幼儿观察绘本内容，初步熟悉绘本中不同颜色的动物，并对其进行简单的描述。

2. 采用“师幼互动”的方式，教师帮助幼儿巩固句式：“×××，你在看什么？”“我看见老师在看我。”（熟悉后可尝试增加形容词）

3. 转盘小游戏，幼儿通过旋转转盘，尝试用以上句式描述自己转到的动物。

◆四、附录或补充材料

绘本部分图片。

小蚂蚁找家

游戏活动名称（类型）：小蚂蚁找家（数学游戏）

适用年龄：3~4岁（小班）

◆一、游戏价值

1. 感知4以内的数量。

2. 能准确点数并说出总数。

3. 能按数取物。

◆二、游戏准备

画有若干蘑菇的图一张，蘑菇上分别有4以内数量的小点。

自制蚂蚁图案若干，置于收纳筐中。

◆三、游戏玩法及规则

1. 游戏玩法。

幼儿先数一数一朵蘑菇上共有几个小点，再从收纳筐中取出相同数量的蚂蚁放在手中，一个小点就是一只蚂蚁的家，最后将手中的蚂蚁都送到一朵蘑菇上。

2. 指导要点。

（1）教师要引导幼儿观察画面：“蘑菇上有什么？”

（2）教师：“怎样才知道每一个蘑菇上能住几只小蚂蚁呢？”

(3)教师注意观察幼儿操作情况,如发现幼儿不能按数取物,而是从筐里逐个取出小蚂蚁放在每一个点上,教师可以提醒幼儿先要数蘑菇上的小点,再根据小点的总数,按数取蚂蚁。

(4)如果蚂蚁放的数量与点不相对应,教师可引导幼儿仔细观察,重新数一数:“蘑菇上一共有几个点?”再数一数蚂蚁和点是不是一样多,从而进行修正。

◆四、附录或补充材料

无。

小老鼠和泡泡糖

游戏活动名称(类型):小老鼠和泡泡糖(音乐游戏)

适用年龄:4~5岁(中班)

◆一、游戏价值

1.能根据乐曲旋律合拍地做老鼠走、张望的动作。

2.尝试用夸张的表情和动作表现小老鼠拉泡泡糖的情景。

3.体验音乐游戏带来的愉悦。

◆二、游戏准备

1.《小老鼠和泡泡糖》音乐。

2.图谱。

3.老鼠头饰、泡泡糖教具。

◆三、游戏玩法及规则

1.游戏规则。

(1)根据乐曲旋律合拍地做小老鼠走、张望的动作。

(2)用夸张的表情和动作表现小老鼠拉泡泡糖的情景。

(3)音乐结束或猫咪出现,小老鼠要立刻回到家里(座位)。

2.游戏玩法。

(1)活动导入,激发幼儿兴趣。

创设游戏化情境,教师与幼儿互相问好,以“小老鼠”角色称呼幼儿。

(2)教师讲述《小老鼠和泡泡糖》的故事。

教师有声有色地讲述音乐情节中的故事,使幼儿对音乐内容有所了解。

(3)引导幼儿探索小老鼠的动作。

①教师带领幼儿探索A段音乐的动作。

教师边念儿歌边用手部动作示范表演A段音乐中的“小老鼠东瞧瞧、西瞧瞧”部分,重点提示“东瞧瞧、西瞧瞧”时,有节奏地左、右两边各做摆头动作一次。幼儿尝试找出教师的动作特点,并学习动作。

②教师带领幼儿探索B段音乐的动作。

师:小老鼠跑出去玩,它是怎么跑的呀?

教师带领幼儿将手部动作迁移到脚上,幼儿坐在椅子上用脚步动作来表演一遍,引导幼儿在座位上做动作。

③教师带领幼儿探索C段音乐的动作。

幼儿自主探索泡泡糖粘在身上的动作,教师及时指导,引导幼儿夸张地把动作表现出来。

提问:小老鼠跑到草地上玩,它踩到了什么?小朋友都吃过泡泡糖,泡泡糖是很黏的,要是粘在了身上,可是不容易弄下来的,小老鼠踩到泡泡糖是怎样做的?我们一起来学一学。

教师带领幼儿将脚上动作迁移到全身,引导幼儿做动作。

(4)请一名幼儿与教师合作表演泡泡糖粘到身体不同部位后拽泡泡糖的部分。

师:老师手上也粘到了一个泡泡糖,谁想来和老师一起玩一玩?

(5)幼儿分组练习动作。

幼儿之间合作做动作,教师巡回指导,帮助幼儿规范动作并引导幼儿夸张地表现出来。

(6)播放音乐,引导幼儿初步感受音乐。

师:现在请小朋友听一段音乐,这段音乐就是告诉我们小老鼠和泡泡糖的故事,请你们在座位上按故事情节把它表现出来吧。

(7)跟随音乐,师幼共同表演音乐游戏。

①第一遍:幼儿与教师一同听音乐做动作。教师引导幼儿跟随音乐的节拍,并把拽泡泡糖然后又弹回来的动作夸张地表现出来。

②第二遍：教师提醒幼儿在游戏中注意，泡泡糖弹回来时可粘在身体的不同部位，如胳膊上、腿上、脚上、脸上。并加上猫咪冲出来的情节，增加活动的趣味性。猫咪出现后，教师带领幼儿连忙跑回家。

◆四、附录或补充材料

1.音乐。

2.故事内容。

有一只小老鼠，在妈妈睡午觉的时候，悄悄地溜出去玩。它跑几步就东瞧瞧、西瞧瞧。到了草地上，小老鼠不小心踩到了一个黏糊糊的东西，它不知这是泡泡糖，于是赶紧用手去拽，呀！泡泡糖又粘到了手上，它用另一只手去拽，又粘到了另一只手上，拽来拽去，泡泡糖像根绳子一样把小老鼠捆了起来。这时，一只猫冲了过来，小老鼠像个球似的咕噜咕噜滚回家去了。

3.图谱(仅供参考)。

美味的食物

游戏活动名称(类型):美味的食物(美工游戏)

适用年龄:5~6岁(大班)

◆一、游戏价值

1. 用黏土制作食物,激发创造性。

2. 分组制作不同种类的食物,一同协商、分工合作,在具体活动中体会合作的重要性。

◆二、游戏准备

彩色笔、纸、小木棍、各种颜色的黏土。

◆三、游戏玩法及规则

游戏规则:每5名幼儿为一组,用黏土制作食物。每组为自己制作出的食物取个名字并制作菜谱。

游戏玩法:每组幼儿协商选一个种类的菜品,如糕点类、西餐类、烧烤类、水果类等。

幼儿制作菜品,将制作好的菜品用纸笔画下来,小组讨论为这道菜取个名字,制作成菜谱。

指导要点:尊重幼儿选择的菜品,提醒幼儿食物要色香味美,菜名要取得有新意,让客人听见就想点。

◆四、附录或补充材料

教师提供多样性的材料让幼儿创作。

第五节 乡村幼儿园户外活动中游戏活动的组织与指导

一、乡村幼儿园户外活动中的游戏活动

(一)户外游戏活动的意义①

幼儿爱玩游戏,尤其喜爱户外游戏。户外广阔的天地对幼儿充满了吸引力。户外游戏活动是幼儿园一日活动中不可或缺的重要内容。在幼儿园,幼儿每日户外活动的时间不得少于2小时,寄宿制幼儿园不得少于3小时。科学合理地安排和组织幼儿的户外游戏活动,是幼儿园教师工作的重要内容。

户外游戏活动不仅是“身体的活动”。户外游戏活动包含着两种相互关联的学习过程,即学习运动和通过运动来学习。

1.学习运动

学习运动是指在户外游戏活动中,幼儿可以学习运动的基本技能,提高运动的质量,使身体运动能力得到发展。

游戏是幼儿自发的运动形式,天然地具有促进身体运动能力(包括大肌肉、小肌肉以及全身运动的协调)发展的潜能。在户外进行的游戏活动可以使幼儿身体的各种器官得到活动与锻炼,不仅可以促进幼儿骨骼、肌肉的成熟,也有利于内脏器官和神经系统的发育。各种不同类型的游戏可以帮助幼儿积累和丰富各种不同性质的运动经验,包含着奔跑、跳跃、攀登等动作的游戏,可以锻炼幼儿大肌肉群的活动能力,促进对大肌肉运动的控制和协调;玩沙玩水、搭积木以及使用各种工具的游戏活动,可以促进幼儿手部的小肌肉群的发展与协调,为今后学习书写准备基础。

身体的正常生长发育,不仅需要营养,也需要运动,需要游戏。游戏是保障幼儿身体健康发展的重要因素。在户外进行的游戏活动,可以使幼儿经常接触不同温度、湿度的空气的刺激和阳光的照射,呼吸新鲜空气,增强对外界环境的适应能力,加强机体的新陈代谢,促进生长发育。

---

① 刘焱.幼儿园游戏与指导[M].北京:高等教育出版社,2012.

2. 通过运动学习

通过运动学习是指除了学习运动以外，户外游戏活动也有助于幼儿在其他方面的学习与发展。不应当仅仅把户外游戏活动当作“身体的运动”或“剩余精力的释放”。

(1)户外游戏活动有助于幼儿认知能力的发展。户外游戏活动不仅为好动的幼儿提供了活动的机会，也为好奇的幼儿提供了探索环境的机会。户外游戏活动使幼儿摆脱户内有限空间的限制，使他们在更为广阔的天地中自由奔驰，发展自己的想象力和创造力。在户外游戏活动中，可以看到幼儿主题多样的角色扮演游戏。

(2)户外游戏活动有助于幼儿社会性交往能力的发展。户外游戏活动往往要求幼儿学会合作、遵守规则、解决问题，这能促进幼儿社会性交往能力的发展。

(3)户外游戏活动促进幼儿心理健康。户外游戏活动给幼儿带来丰富多样的刺激。各种户外游戏活动，不仅发展幼儿的身体动作，也让幼儿发展自己的能力，有助于幼儿自信心的形成和发展。

(二)各年龄班户外游戏活动的组织与指导①

幼儿园各年龄班幼儿在身心发展上有明显的差异。教师应当根据不同年龄班幼儿身心发展的特点，为幼儿合理选择、安排、组织和实施户外游戏活动，尤其是户外集体游戏活动。

1. 小班幼儿的户外游戏活动

(1)小班幼儿身体动作发展的特点。

小班幼儿处于身体迅速发展的时期，开始表现出有目的、有方向的尝试与探索，试图做出扔、接、踢、跳等动作，但是还没有掌握基本的动作要素。他们的动作夸张、不正确，或者他们不能做出想要做出的动作。身体运动缺乏节奏和协调性是小班幼儿身体运动发展的特征。

小班幼儿腿部肌肉的力量较弱，走路时上下肢的配合动作及协调能力较差，缺乏节奏感，步幅不匀，速度不均。他们能够沿着直线走或跑动，但在跑动时还不能轻易拐弯或停止，对身体运动的控制能力较弱，平衡感也较差。他们能够蹦蹦跳跳，但动作比较笨拙，左右脚配合不协调，跳跃距离很小。

---

① 刘焱.幼儿园游戏与指导[M].北京:高等教育出版社,2012.

教师应当根据小班幼儿的年龄特点，选择适当的户外游戏活动，进行针对性的指导。

(2)小班幼儿户外游戏活动的组织与指导。

教师应当为小班初期幼儿选择动作简单、易于理解和模仿的游戏。随着幼儿对集体游戏的适应，教师可以根据幼儿动作发展的特点，选择以基本动作为主的游戏，锻炼幼儿的基本动作能力，逐渐增加动作的难度，提高动作的协调性。

教师以动作示范为主带领和帮助幼儿学习游戏。教师要注意发现幼儿的游戏兴趣，及时调整游戏内容，或增加游戏情节以维持幼儿游戏的兴趣，把指导的计划性和随机性结合起来。教师也要注意激发幼儿之间的相互作用，创造良好的游戏气氛。

对小班幼儿游戏活动的总结评价以教师为主。教师应当肯定幼儿在游戏中积极的表现，总结幼儿在游戏中的新玩法等，进一步激发幼儿参与游戏的兴趣和创造性。

教师应多让小班幼儿体验游戏的乐趣，满足他们活动和游戏的需要，让他们积累必要的游戏经验。

2. 中班幼儿的户外游戏活动

中班幼儿身体动作的发展较之于小班幼儿已经有了较明显的进步，对游戏活动的兴趣和能力也发生了较大的变化。了解和掌握这些特点有助于教师组织与指导中班幼儿的户外游戏活动。

(1)中班幼儿身体动作发展的特点。

中班幼儿已能较好地控制自己的身体运动，走路时步幅已较稳定，上下肢动作比较协调，有初步的节奏感，能够随着信号的节拍有节奏地走。中班幼儿在跑步时上下肢已经能够较好地协调配合，蹬地动作也较明显，跑步动作较自然、轻松，但步幅仍然较小，跑步的长度和速度上远远超过小班幼儿。中班幼儿可在原地跳起，高度可达30厘米，距离可达60~85厘米；能够做双脚跳、单脚跳动作；在跑跳过程中越过障碍物仍然存在一定的困难。中班幼儿身体运动的节奏与协调性已经得到明显改善，但仍缺乏流畅性，显得较笨拙。

(2)中班幼儿户外游戏活动的组织与指导。

在中班幼儿的户外游戏活动中，教师的作用主要在于引导幼儿去探索和获得各种运动经验，可以适当增加游戏动作的难度。

对于规则游戏的指导，教师应当注意加强幼儿的规则意识和对游戏规则的理解，通过示范、讲解，帮助幼儿掌握游戏的玩法、理解规则，帮助幼儿学习解决游戏中的简单问题。

3.大班幼儿的户外游戏活动

大班幼儿能够按照任务要求，把各种动作技能整合成为协调准确、熟练有效的适当活动。教师应当根据幼儿身体动作发展的特点，组织和指导大班幼儿的户外游戏活动。

（1）大班幼儿动作发展的特点。

5~6岁是基础运动能力的成熟时期。幼儿能够自然、协调、有节奏地走路。幼儿摆臂较适度，步幅较均匀，身体姿势基本正确，在走的过程中能够比较灵活地控制自己的步幅、频率、行走的方向或变换各种走的姿势。幼儿基本掌握了跑步的正确姿势，蹬地较有力，有一定的节奏感，步幅也较大，动作的协调性较好，控制跑步速度和方向的能力有了明显的提高。幼儿在跑跳过程中动作相当灵活，能够巧妙避开障碍物。幼儿不仅能较有力、协调地向前跳和向上纵跳，而且在跳跃活动中能够变换方式，采用较复杂的跳跃动作，基本掌握了落地缓冲动作，腿部的弹跳能力以及身体动作的协调性也有了一定的发展。

（2）大班幼儿户外游戏活动的组织与指导。

①游戏的选择。大班幼儿喜欢变化性大、竞赛性强、运动量大的游戏，能够按照任务要求，把各种动作技能整合成协调准确、熟练有效的适当活动。为大班幼儿选择的游戏，以全班幼儿都能参加的户外集体竞赛性游戏为宜。

②帮助幼儿掌握游戏的玩法和规则。掌握玩法和明确游戏规则是游戏顺利开展的前提。教师要以简明生动的语言、适当的示范，帮助幼儿了解游戏的玩法，理解游戏规则。在幼儿学会后，教师要鼓励幼儿独立地开展游戏。

③关注幼儿活动的结果。教师应当逐渐向幼儿介绍运动技能的质量标准。例如，跑得应当有多快、扔得应当有多远才好，对幼儿的身体运动活动加以有计划、有目的的指导。

④因人施教。对于不同性格和能力的幼儿，教师应当采取不同的指导方法。对于运动能力和自信心强的幼儿，可通过肢体语言（竖起大拇指）或身体上的接触（拍拍肩膀等）加以鼓励；对于身体活动能力差、动作迟钝、性格内向、自信心不足的幼儿，要多用肯定的语言与其交流，鼓励幼儿战胜困难，增强信心。

⑤游戏结束。户外游戏的结束包括身体放松、材料整理、游戏评价三个方面：

身体放松：带领幼儿进行放松性活动（如走路或小运动量的活动），使幼儿的肌肉、神经系统和器官逐渐放松，恢复平静。

材料整理：和幼儿一起收拾、整理游戏材料，养成良好的游戏习惯。

游戏评价：大班幼儿已经能够使用连贯性语言对自己在游戏中的表现进行评价，教师应给予幼儿自评的机会，鼓励幼儿大胆表达自己对游戏的看法，幼儿自评后教师可做总结，并提出新的要求。总结评价的时间不宜过长。

二、乡村幼儿园户外活动中游戏活动的组织与指导案例

案例

大雨小雨

游戏活动名称(类型)：大雨小雨(户外游戏)

适用年龄：3~4岁(小班)

◆一、游戏价值

1. 学会听指令，学习一个跟着一个走和四散跑。

2. 培养对户外游戏活动的兴趣，增强体质，提高对环境的适应能力。

◆二、游戏准备

小雨点头饰若干，音乐《大雨小雨》。

◆三、游戏玩法及规则

1. 给幼儿戴上“小雨点”的头饰，让幼儿跟着音乐做大雨、小雨落下来的动作。

2. 教师扮演雨点妈妈，教师说：“下小雨啦!”幼儿便在场地上一个跟着一个走。

3. 教师说：“下大雨啦!”全体幼儿在场地上四散跑。

4. 教师说：“大雨变成一条河。”幼儿立刻跑到教师面前站好。

5. 游戏指导要点：下大雨的时候是跑，下小雨的时候是走，违规的幼儿被暂停参加游戏。

◆四、附录或补充材料

音乐：《大雨小雨》。

欢乐的小袋鼠

游戏活动名称(类型):欢乐的小袋鼠(户外游戏)

适用年龄:4~5岁(中班)

◆一、游戏价值

1.练习多种跳跃方法,锻炼腿部力量。

2.能够保持身体平衡,提高协调性和灵敏度。

3.遵守游戏规则,体验与同伴合作游戏的快乐。

◆二、游戏准备

1.经验准备。

学习过基本的跳跃方式(单脚跳、开合跳、单双脚交替跳、双脚连续跳、立定跳远、跨跳)。

2.物质准备。

(1)软垫、跨栏、跳圈、轮胎等若干,2~3条软梯,空旷的操场。

(2)教师与幼儿共同设置闯关关卡。

◆三、游戏玩法及规则

1.游戏规则。

(1)幼儿自由分为3~4组,每组人数尽量相差不大。

(2)听到口令后,每组的第一位幼儿从起点出发闯关,到终点闯关成功后返回队伍最后排队,下一位幼儿即可出发。

(3)按照游戏规则,不同关卡采用不同的跳法进行大闯关,采用错误跳法或跳跃动作不正确的成员视为犯规,要返回起点重新出发。

(4)全组成员通过大闯关且用时最少的一组获胜。

(5)活动结束,将活动器材分类收拾整理,摆放回原位。

2.游戏玩法。

(1)教师带领幼儿随音乐进行热身,重点开展腿部的热身运动,如踝关节运动、抬腿、踢腿、蹲跳等活动。

(2)调动幼儿已学跳跃动作的经验,回顾动作要领。

①调动幼儿跳跃经验。

师："小朋友们，还记得我们学过哪些跳跃的方法吗？"

幼："单脚跳、开合跳、单双脚交替跳、双脚连续跳、立定跳远、跨跳。"

②回顾动作要领。

单脚跳：左脚或右脚单脚落地向前进行跳跃，期间不可换脚。

开合跳：双脚向前跳跃，落地时一次双脚并拢落地，一次双脚左右分开落地，交替进行。

单双脚交替跳：双脚或单脚向前跳跃，落地时一次单脚落地，一次双脚落地，交替进行。

双脚连续跳：双脚自然合拢，双手叉腰或自然弯曲于腰间，前脚掌着地，脚跟抬起，微微屈膝，双脚连续向前跳跃并最后双脚落地，跳一次跃过一个低矮障碍。

立定跳远：双脚分开与肩同宽，弯曲膝盖，双臂向后摆臂同时身体略微向前倾，两腿快速用力蹬地向前跳跃同时双臂一起由后向上前方摆动，落地时膝盖弯曲双腿完全蹲下，进行落地缓冲。

跨跳：适当进行助跑，在遇到障碍物时单脚跨跳过障碍。

(3)开始游戏，教师巡回指导。

第一轮：(单脚跳＋开合跳)目的在于让幼儿熟悉大致玩法。

第二轮：(开合跳＋单双脚交替跳＋立定跳远)提醒幼儿遵守跳跃游戏规则和动作要领。

第三轮：(单双脚交替跳＋立定跳远＋双脚连续跳)。

第四轮：(立定跳远＋双脚连续跳＋跨跳)。

第五轮：(限时不限次数)可任意搭配以上6种跳跃方式。

(4)游戏结束，放松运动，教师小结，收拾整理器材。

3.游戏指导要点。

(1)在游戏第五轮(自由搭配跳跃方式)要注意闯关难度强度分配均匀，不要过于简单没有挑战性，容易让幼儿失去游戏兴趣，也不要过难过累，容易损伤幼儿身体。

(2)游戏输赢不是最终目的，最终目的是让幼儿练习多种跳跃方法，锻炼腿部力量，提高身体平衡能力、协调性及灵敏度。

(3)如果发现幼儿无法完成以上第一至第四轮游戏给出的跳跃难度,可适当调整搭配和数量,一切以园所幼儿整体情况为主要参考。

(4)对于违反游戏规则的幼儿要及时提醒,对于动作要领不熟练或有误的幼儿要及时给予帮助,对于表现良好的幼儿应秉持鼓励肯定的态度,充分发挥幼儿的自主性。

◆四、附录或补充材料

图片仅为大闯关器材局部摆放参考。

花园餐厅

游戏活动名称(类型):花园餐厅(户外角色游戏)

适用年龄:5~6岁(大班)

◆一、游戏价值

1.用大自然的植物作为餐厅材料,如用树枝当灶,用树叶、果子当食材等,提高对材料的想象能力和利用能力。

2.分工协作,促进社会交往能力。

◆二、游戏准备

餐具、厨具、桌子、椅子。

◆三、游戏玩法及规则

1.游戏规则。

幼儿选择游戏角色,并扮演选择的角色。

2.游戏玩法。

幼儿进行角色扮演。服务员招呼顾客,向客人讲解推荐菜品,在客人等待上菜的时间可为其做一些服务,如表演节目或者教客人做手工等。客人点餐、耐心等待上菜。厨师需要就地取材,做好后通知服务员进行上菜。客人品尝菜品。

3. 指导要点。

厨师需要分工，有找菜的、配菜的和做菜的，提醒幼儿协作完成。

服务员需要留住顾客，让顾客留下好印象才会再次光顾，引导幼儿在顾客等待的时间里可以为顾客做哪些服务。

顾客要对品尝的菜品说出自己的感受，以便餐厅下一步的改进。

◆四、附录或补充材料

找好场地后，要放好桌子和椅子，布置好花园餐厅。可以把在集中教学游戏中制作好的“美味的食物”带来，让幼儿感受在户外用餐的乐趣。

第六节 乡村幼儿园区域活动中游戏活动的组织与指导

一、乡村幼儿园区域活动中的游戏活动

(一)区域游戏活动的意义[①]

游戏活动区是教师根据幼儿园教育目标、幼儿的游戏需要与兴趣以及身心发展水平创设的游戏和学习环境，通过“有准备的环境”的创设满足幼儿开展各种不同的游戏活动的需要，激发和支持幼儿的主动学习，避免幼儿园教学的小学化和成人化。

1. 满足幼儿游戏活动的兴趣和需要

游戏是幼儿的基本活动，是幼儿主动学习的方式。幼儿在游戏中探索和认识周围世界，发现自我和他人，形成和锻炼自己的各种能力。幼儿有多种多样的游戏兴趣和需要，每个幼儿当前的游戏兴趣和需要也可能不同，他们在游戏中扮演、模仿、建构、探索、发现、想象和创造。

---

① 刘焱.幼儿园游戏与指导[M].北京：高等教育出版社，2012.

2.为幼儿主动学习创造条件

兴趣、自由选择与自主决定是幼儿主动学习的基本条件。当能够做他自己想做的事情的时候，幼儿活动的积极性、主动性最高。

区域游戏活动是幼儿的自选活动，可以为幼儿提供按照自己的兴趣和能力选择活动的机会；区域游戏活动也是幼儿的自主活动，幼儿在没有压力的环境中玩玩做做，能够生动、活泼、主动、愉快地学习。创设丰富多样的活动区，可以为幼儿提供选择的可能性，支持和鼓励幼儿的主动学习。

3.为幼儿提供个别化的学习条件

由于遗传、环境、生活和教育条件的不同，幼儿在身心发展水平、兴趣、需要、学习方式和认知特点等方面都可能存在个别差异。在区域游戏活动中，幼儿可以根据自己的兴趣、喜好、能力来选择适合自己的活动，幼儿的兴趣、能力和情感等可以得到真实的展现，教师可以在观察与了解幼儿的兴趣、需要和能力的基础上，有针对性地对幼儿提供适合的帮助和指导，这是集体教学活动所无法比拟的优势。

4.为幼儿创设社会性互动的学习环境

幼儿的学习和成长是以人际交往为基础的社会性建构过程。与伙伴和成人交往是幼儿基本的社会性需要。区域游戏活动为幼儿提供了游戏和社交的场所，提供了与伙伴和成人自由交往的机会和条件，有利于幼儿伙伴之间的相互模仿、启发和交流，增进同伴之间的相互了解和理解。

5.引导和影响幼儿的活动

区域游戏活动是教师为幼儿创设的活动，是教师教育意图的客体化和物质化。幼儿的游戏虽然是一种自由自主的活动，但是幼儿的游戏活动与环境之间存在着相互作用与影响的关系，具有可再造性的特点。

6.玩、学、教合一

区域游戏活动既是幼儿的游戏，也是幼儿的学习。幼儿在游戏中积极主动地学习，在教师的引导和帮助下获得各种有益的经验。区域游戏活动的特点是玩、学、教合一。但是，教师的“教”不同于教师上课时那种“我讲、你听”的“教”。

（二）区域游戏活动的组织与指导①

1. 区域游戏活动的介绍和引导

在刚接触区域游戏活动的最初阶段，幼儿可能非常兴奋，可能因为不清楚该怎样做而往往出现到处乱跑的现象。在活动区活动的最初阶段，教师的主要任务是向幼儿介绍各活动区的内容、材料和使用方法，帮助他们建立活动区活动规则，培养他们遵守活动规则的意识。

（1）区域游戏活动的介绍。

在区域游戏活动开展的最初阶段，教师首先要帮助幼儿熟悉游戏活动环境。活动区活动的介绍通常可以采用：整体介绍法和分区介绍法。

（2）区域游戏活动的规则。

幼儿园游戏活动的基本类型是社会性游戏，即便是幼儿个人的自由游戏，也发生在社会性背景中。同时，活动室的空间以及玩具和游戏材料的数量都是有限的，因此，建立区域游戏活动的规则是开展区域游戏活动的必要条件。

第一，进区活动的规则。区域游戏活动以幼儿的自选活动为主。但是，每个区域能够容纳的幼儿的数量总是有限的，教师应该设置一定的规则来限制人数，引导幼儿的行为。

第二，取放玩具和玩玩具的规则。玩玩具是区域游戏活动的主要内容。帮助幼儿建立取放玩具和玩玩具的规则有助于幼儿养成良好的行为习惯。

第三，安全规则制订。制订明确的各区游戏的安全规则，并通过评价、环境提示等方法帮助幼儿了解规则，以预防安全事故的发生。

（3）常规的建立和培养。

在常规的建立过程中，要注意以下几个问题：

第一，要求规则适合幼儿的年龄特点和发展水平。所制订的区域游戏活动规则既是必要的，也是幼儿能够做到的。

第二，采用适当的方式帮助幼儿理解规则的意义。可以结合现场情境，让幼儿通过讨论理解规则的意义。

第三，在游戏过程中提醒幼儿遵守规则。大声指责或批评会破坏整个班级的游戏气氛，损害幼儿的自尊心。

---

① 刘焱.幼儿园游戏与指导[M].北京：高等教育出版社，2012.

第四，鼓励幼儿遵守规则。在幼儿游戏的过程中，要关注并及时肯定幼儿的积极行为；在游戏活动结束后的讲评总结环节，要对幼儿良好的行为提出表扬。对于幼儿违反规则的行为，教师要避免反应过度。教师因气愤而紧张地尖声说话可能会对幼儿产生某种不良的影响。

2. 区域游戏活动的环节和组织

在幼儿初步熟悉了区域游戏活动的环境和规则以后，可以让幼儿按自己的兴趣和意愿有序地进入活动区活动，活动区活动进入自主活动阶段。自主性的区域游戏活动过程可以分为三个基本环节：开始阶段、进行阶段、结束阶段。

（1）开始阶段。

在区域游戏活动的开始阶段，教师的主要任务是帮助幼儿制订计划，即帮助幼儿确定今天自己要到哪个区域、用什么玩具和游戏材料、打算做什么等。在区域游戏活动开始之前帮助幼儿确定自己的活动计划，有助于培养幼儿行动的目的性和计划性，促进幼儿语言、思维和想象力的发展。

（2）进行阶段。

区域游戏活动的进行阶段是幼儿按照自己的计划行动的过程。在这个过程中，教师主要的任务是观察幼儿游戏活动的情况、提供适宜的指导和帮助。

第一，观察幼儿的游戏。首先要注意观察是否所有幼儿都进入了活动区游戏，是否还有幼儿无所事事。

第二，提供适宜的指导和帮助。区域游戏活动的指导是在观察的基础上对幼儿因人施教，提供适宜的帮助。

第三，接纳和理解幼儿的“建构性错误”。幼儿有幼儿的想法，不应用成人的想法去代替幼儿的想法。学习是一个发生在内部的、需要一定时间的渐进的过程。要给幼儿思考、探索的时间，与伙伴互动、磨合的时间。

（3）结束阶段。

区域游戏活动结束阶段的组织和指导工作包括提醒和帮助幼儿收拾整理玩具、共同分享交流游戏经验以及总结和评价游戏活动等内容。

第一，收拾玩具和环节转换。收拾玩具可以培养幼儿听从指令、有序收放物品和整洁有序的习惯和时间观念，以及对班级环境的责任感和互助意识。收拾玩具的过程往往容易被教师忽略。教师应当把收拾玩具的过程当作幼儿重要的学习过程，持之以恒地关注这一过程。

第二，分享交流。在所有幼儿都来了以后，教师可以让幼儿想一想、说一说他们在游戏中发现的有意思的事情，学到了什么本领，解决了什么问题。分享交流是幼儿和同伴一起分享自己在游戏中的发现、经验和成功体验的时段。教师可以采用各种方法和策略来帮助幼儿介绍和回忆自己在游戏过程中的发现和经验。

第三，总结评价。最后，教师可以简明扼要地对区域游戏活动和分享交流过程进行总结，肯定幼儿的努力、合作、创造和发现等，尤其要注意肯定幼儿与众不同的想法和做法。

二、乡村幼儿园区域游戏活动中游戏活动的组织与指导案例

案例

小商店与大超市

游戏活动名称(类型)：小商店与大超市(区域游戏)

适用年龄：3~4岁(小班)

◆一、游戏价值

1.在游戏中感受扮演"小商店老板""大超市收银员""顾客"的乐趣，以及体验两种场所购物的有趣。

2.能通过体验并结合自己的生活经验发现小商店与大超市的不同。

◆二、游戏准备

1.经验准备。

幼儿逛过小商店和大超市。

2.物质准备。

(1)模拟乡村小商店一间。

(2)模拟大超市一间。

(3)商店老板服装1件，收银员服装3件。

◆三、游戏玩法及规则

1.游戏规则。

(1)幼儿根据自己的喜好,选择大超市和小商店场景进行游戏。

(2)一人扮演商店老板,三人扮演超市收银员,其他幼儿扮演顾客。

(3)在超市购物时,付款要排队,避免拥挤。

(4)在游戏过程中,有需要帮助时,请举手示意教师。

2.游戏玩法。

(1)幼儿选择角色后,进入游戏场地,进行游戏。

(2)商店老板在商店守着商铺,顾客选择好物品,将物品放在竹编筐或布袋找老板付款。

(3)顾客进入超市后,拿购物篮进行物品的选择,然后到收银台找收银员付款。

3.游戏指导要点。

(1)分享"小商店和大超市"的视频,激发幼儿参与活动的兴趣。

①视频分享。

②提出问题。

(2)幼儿进入游戏情境,总结两个购物场所的不同。

①带领幼儿进入班级所布置的游戏环境。

②鼓励幼儿仔细观察两个场所的不同,总结自己的发现。

(3)在游戏中体验扮演"小商店老板""大超市收银员""顾客"的乐趣。

①介绍游戏中所需要的角色。

②组织幼儿选择角色,穿上角色服装玩游戏。

③一轮购物游戏结束后交换角色,让每一个小朋友都有不一样的体验。

④亲身体验之后,总结两种购物场所的不同之处。

⑤引导小朋友思考,更喜欢在哪里购物。

(4)音乐提示,收拾整理游戏材料。

◆四、附录或补充材料

1.补充建议。

(1)根据游戏活动的深入,可以请小朋友增加在小商店和大超市投放的商品。

(2)引导小朋友发现两个场所物品摆放的不同,请小朋友思考小商店商品的摆放是否可以参考大超市的商品摆放。

(3)进一步引导幼儿通过现实中的观察,发现小商店里特殊的商品(大超市里没有的)。

(4)教师和小朋友一起总结“小商店老板”和“大超市收银员”的工作日常,制作“工作职责图”。

2.材料的提供。

(1)可以在小商店提供农村特有的商品,用环保天然的竹编筐、布袋等呈现乡村环保的优势,丰富材料。

(2)为大超市提供购物篮,为收银台提供扫码付款的机器等。

不会沉的石头

游戏活动名称(类型):不会沉的石头(区域游戏)

适用年龄:4~5岁(中班)

◆一、游戏价值

1.感知水的浮力和承重力。

2.激发探索兴趣。

3.感受科学游戏的乐趣。

◆二、游戏准备

盛水的容器、清水、大小不同的石头、辅助材料(如纸盘、塑料小碗、雪花片、硬纸板等)、记录表。

◆三、游戏玩法及规则

1.幼儿自己尝试操作如何将石头浮在水面而不下沉。

教师观察,可提醒幼儿将石头放在辅助材料上再次尝试。

2.幼儿尝试将大小不同的石头放在不同的辅助材料上,观察石头是否会沉。

教师引导幼儿观察总结让石头浮起来的必备要素:(1)辅助材料本身可以浮于水面;(2)辅助材料的受力面要比石头大。

3.将尝试的结果记录下来。

◆四、附录或补充材料

1.教师可以分类投放辅助材料,及时更换。

2.记录表。

观察记录表

日期:　　　　　　　　　　　　观察人:

我用的辅助材料	浮起来了	没有浮起来

美味餐厅

游戏活动名称(类型):美味餐厅(角色游戏)

适用年龄:5~6岁(大班)

◆一、游戏价值

1.了解餐厅工作的岗位,增加对餐厅的认识。(如餐厅有接待员、服务员、上菜员、厨师、顾客等)

2.知道餐厅里每个岗位的职责。

3.分工协作,促进社会交往能力。

◆二、游戏准备

游戏前家长带幼儿去餐厅,让幼儿观察餐厅,积累餐厅的相关经验。

◆三、游戏玩法及规则

1.游戏规则。

(1)幼儿选择餐厅角色并自行分配。

(2)幼儿扮演选择的角色。

(3)遵守餐厅的规则。(如服务员要招呼顾客,顾客要耐心等待,厨师要认真做菜等)

2.游戏玩法。

幼儿进行角色扮演,服务员招呼顾客,向客人讲解推荐菜品。客人点餐,耐心等待上菜。厨师准备食材并烹饪,做好后由服务员进行上菜。客人品尝菜品。

3.指导要点。

幼儿角色分配有争议时,教师要适时引导;当幼儿不清楚角色的任务时,教师要提问引导。

◆四、附录或补充材料

游戏可在娃娃家区域或者生活体验区进行,需要提前准备相应材料,如餐具、杯子、食材等。

第五章 乡村幼儿园游戏活动观察与评价

学习目标

◎理解观察与分析幼儿游戏的目的和意义

◎掌握观察与分析幼儿游戏的方法

◎理解幼儿园游戏活动评价的目的与意义

◎掌握幼儿园游戏活动评价的要求与方法

乡村幼儿园游戏活动
观察与评价微课

思维导图

- 乡村幼儿园游戏活动观察与评价
  - 幼儿游戏观察与分析
    - 观察与分析幼儿游戏的目的和意义
    - 观察与分析幼儿游戏的方法
    - 乡村幼儿园游戏观察与分析的案例
  - 幼儿园游戏活动的评价
    - 幼儿园游戏活动评价的目的与意义
    - 幼儿园游戏活动评价的要求与方法
    - 乡村幼儿园游戏活动评价的案例

小案例

小明在玩拼图游戏，他不能根据拼图的形状、颜色进行配对，只是迷惑不解地胡乱配对，教师没有注意到这些。之后，教师让幼儿玩“你说我指”游戏，当小红说出形状的名称，要求小明指出相应的形状时，小明一脸茫然。

大思考

①教师为什么要观察与分析幼儿的游戏？

②在游戏中教师要观察什么？

③为什么教师的后一个游戏设计对小明来说是不合理的？

观察是指导游戏的前提。但是，观察什么以及怎样观察是幼儿园教师常常感到困惑的问题。要回答这样的问题，就需要了解观察与分析幼儿游戏的目的和意义。

作为教师为什么要观察与分析幼儿的游戏？在游戏活动中应当观察什么？怎样观察？这些是本章要讨论的关键问题。实施指导，观察先行。观察是对幼儿游戏和游戏水平进行正确评价的前提，观察与分析幼儿园游戏活动，可以帮助教师全方位地了解幼儿的实际发展水平，既可以了解幼儿与同伴的社会交往水平，也可以看到幼儿的自身发展水平。

第一节 幼儿游戏观察与分析

一、观察与分析幼儿游戏的目的和意义[①]

(一)观察与分析幼儿游戏的目的

在幼儿游戏中，观察作为一种对不同年龄段幼儿进行评价的途径，越来越受到广大幼儿教育工作者的重视。然而，实践中有的教师往往会把幼儿游戏的时间看作他们休息或从事其他工作的时间；有的教师会把幼儿游戏的时间理解为幼儿随心所欲自由支配的时间，教师只要保证幼儿的身体安全即可。对幼儿游戏的过程缺乏系统、科学的观察，致使教师不能很好地指导幼儿进行游戏，更加不能让幼儿游戏水平得到提升，最终也意识不到游戏对幼儿身心发展的价值和意义。

1. 认识并了解幼儿的游戏发展水平

在游戏中观察幼儿的行为，能更全面地了解幼儿的发展状况以及发展的潜力。只有观察了游戏的整个过程，才能对游戏进行正确的认识和评价，对幼儿游戏的情况有很好的了解，知道游戏中存在的问题，并能帮助幼儿找出解决问题的有效方法。只

① 刘焱.幼儿园游戏与指导[M].北京：高等教育出版社，2012.

有建立在观察基础上的评价，才是积极和有效的，才能避免教师凭主观意愿，不切实际地空洞说教。

2. 关注并满足幼儿的发展需要

观察幼儿游戏是评价幼儿身体、智力和社会性等方面发展的一个重要方法。有目的的观察会提醒教师关注落后于或超前于正常水平的幼儿的需要，观察幼儿在游戏中的各种状态，知道他们的所需所想，理解有不同发展需要的幼儿，促进每个幼儿在原有的水平上得到发展。教师观察得越仔细，获得的信息越全面，从而对幼儿游戏的评价也就越客观、准确。

3. 促进教师的专业素质的提升

美国幼儿教育专家丽莲·凯茨认为观察是帮助教师从新手成长为专家的必要条件和重要途径。作为教师随时要了解幼儿在游戏中的发展进程，通过观察游戏，教师可以发现每个孩子的独特之处，寻找适当的专业指导方式；针对幼儿的个体差异在环境创设、材料提供等方面做适宜的调整。在这个过程中，有的教师意识到教育理论知识的缺乏，学习教育理论的内在需要被激发，这既能促进幼儿游戏水平的提高，又能有效促进教师的专业素质的提升。

（二）观察与分析幼儿游戏的意义

观察既是指导幼儿游戏的基础、前提和保证，也是教师参与游戏的桥梁；观察可以给教师提供是否需要介入游戏的依据，参照幼儿当前的兴趣和需要以决定介入或不介入游戏。

1. 观察是对游戏实施有效指导的基础

观察幼儿是了解和理解幼儿的第一步。游戏是幼儿与生俱来的，是他们的生活，也是他们的学习。游戏作为幼儿发展的一面镜子，反映幼儿的身心各方面的发展。因此，观察为我们对幼儿游戏的指导提供依据。

教师在游戏中的作用，在于仔细地观察、适时地指导，使幼儿获得发展，并使其游戏得以延伸。观察是游戏活动准备的基础，可使教师了解并提供给幼儿适宜的游戏条件，如时间、空间、玩具材料、游戏经验等，帮助教师了解幼儿的发展状况和兴趣特点，以决定什么时候、以什么方式适宜地介入和干预幼儿的游戏，以判断需要为幼儿提供什么样的玩具和游戏材料，或者补充和丰富什么方面的经验。只有通过观察和研究幼儿的游戏，教师才能知道幼儿是否需要更多的时间去玩、游戏的空间够不够、玩具材料是否合理、幼儿经验的丰富程度如何等，再决定是否需要介入幼儿的游戏，以帮助幼儿提升游戏的水平；只有通过观察去了解幼儿的游戏内容，并在幼儿游戏的兴趣与需要的基础上来帮助幼儿，教师才可能避免以成人的看法去干涉幼儿游戏，提升教师组织和指导游戏的有效性。

2.观察是制订游戏计划的依据

教师在制订游戏计划时，不能凭主观想象去做，因为这样带来的后果是脑子里只有成人的经验，而没有幼儿的发展水平和实际经验，使游戏流于形式，幼儿享受不到游戏应有的快乐。而教师只有通过观察幼儿的游戏和日常生活，从中获取各种丰富的信息，制订出下一次游戏计划，才能避免游戏中存在的“游戏儿童”“盲目导演”“赶时髦”等重结果轻过程的现象。

二、观察与分析幼儿游戏的方法①

(一)游戏观察的方法

常用的幼儿游戏观察与记录的方法有三种，分别是扫描观察法、定点观察法和追踪观察法。教师可以根据观察的目的、客观情况和幼儿的年龄特点等选择适宜的观察方法。

1.扫描观察法

扫描观察法也叫时段定人法，是观察者在相等的时间段里对观察对象依次轮流进行观察的一种方法。教师通过扫描法可以从总体上对全班幼儿的游戏情况有一个整体的了解。比如，幼儿在游戏中使用了哪些材料，开展了什么样的主题游戏，扮演了哪些角色等。

扫描观察法一般在游戏开始和结束时运用得较多。其游戏观察流程如下：

(1)在观察前根据要观察的内容设计好观察表格。

(2)要确定好观察对象和顺序。

(3)以5分钟或10分钟为一个观察时间单位，对观察对象进行有序观察，并采用统一的方式进行记录。

① 范明丽.学前儿童游戏[M].北京：北京大学出版社，2017.

2. 定点观察法

所谓定点观察法即定点不定人法，指教师固定在任何一个游戏区域对该区域中的所有幼儿进行观察。这种方法可以帮助观察者了解某个主题或区域的幼儿游戏的整体情况，了解幼儿现有的经验和他们的兴趣点、同伴之间的交往、游戏情节的发展等动态信息。定点观察法游戏观察流程如下：

(1)在观察前确定好所要观察的游戏区域，即定点。

(2)确认观察的目的，观察幼儿的游戏行为、语言和表情、使用的材料、对游戏的专注度及与同伴的关系等。

(3)对观察结果进行记录。教师可以用描述法或事件抽样的方式记录。为了避免观察时间不充足或不能进行详尽的描述，观察时可以利用照相机、摄像机等工具辅助记录。

3. 追踪观察法

追踪观察法即定人法，教师首先根据需要确定1~2名幼儿作为观察对象，观察他们在游戏中的各种情况。在观察时，幼儿走到哪里，教师就追踪到哪里，即固定观察对象而不固定观察地点。通过这样的观察，教师可以对该幼儿有更加全面深入的了解。追踪观察法的游戏观察流程如下：

(1)确定观察对象，确保其是在自由游戏状态下被观察。

(2)幼儿走到哪儿，教师就观察到哪儿。

(3)观察时可采用图示法将幼儿游戏的轨迹记录下来，同时可采用实况描述的方式将幼儿的游戏过程记录下来，其中可以包括教师对幼儿游戏的分析。

(二)主要的幼儿园游戏观察量表

1. 帕顿-皮亚杰量表

早期游戏研究者们习惯于从某单一角度评价幼儿的游戏水平。1932年帕顿的社会参与量表和1968年斯米兰斯基改编自皮亚杰的游戏认知量表。鲁滨等人将帕顿量表和皮亚杰量表结合起来，创设了两个尺度的评价系统，从而打破了原有的评价模式。这个新的量表以其特有的广角特点容纳了认识水平(表5-1)[①]。

① 约翰逊，等. 游戏与儿童早期发展[M]. 华爱华，等，译. 上海：华东师范大学出版社，2006.

表5-1◆帕顿-皮亚杰量表①

认知社会	独自的	平行的	群体的
练习性游戏	独自——练习性游戏	平行——练习性游戏	群体——练习性游戏
建构游戏	独自——建构游戏	平行——建构游戏	群体——建构游戏
角色游戏	独自——角色游戏	平行——角色游戏	群体——角色游戏
规则游戏	独自——规则游戏	平行——规则游戏	群体——规则游戏

帕顿-皮亚杰量表的操作定义：

(1)认知水平定义。

①练习性游戏：重复肌肉运动，用玩具或不用玩具。例如：跑和跳，伸和缩，操作玩具或材料，非正式规则游戏。

②建构游戏：使用玩具（积木、积塑小玩具等）或材料（沙子、橡皮泥、颜料）构造不一样的东西。

③角色游戏：角色扮演与假扮转换。

例子包括：角色扮演：假装当一个家长、婴孩、救火队员、超人或妖怪。假扮转换；假装开汽车（手臂运动），或用铅笔打针。

④规则游戏：承认、接受并遵守确立的规则。例如：棋类游戏、踢球。

(2)社会性水平定义。

①独自游戏：孤单地玩，与周围的孩子使用不同的材料。虽然同伴处于可说话距离范围，但无谈话。

②平行游戏：参加周围其他孩子类似的活动，或玩与他人差不多的玩具，但没有与其他孩子一起玩的倾向。

③群体游戏：跟其他孩子一起玩，角色被分配或未被分配。

(3)非游戏行为指无所事事行为、旁观行为、不断变换游戏活动的行为。

(4)非游戏活动指事先由教师或自己选定的任务或学习活动，如涂色、教育行为玩具使用等。

① 柳阳辉，张兰英. 学前儿童游戏[M].2版. 郑州：郑州大学出版社，2006.

社会性水平可以通过帕顿—皮亚杰游戏记录单反映出来(表5-2):

表5-2◆帕顿-皮亚杰游戏记录单①

姓名　　　　　　　　　　观察日期

<table>
<tr><th>社会性水平
认知水平</th><th>练习性游戏</th><th>建构游戏</th><th>角色游戏</th><th>规则游戏</th></tr>
<tr><td>独自游戏</td><td></td><td></td><td></td><td></td></tr>
<tr><td>平行游戏</td><td></td><td></td><td></td><td></td></tr>
<tr><td>群体游戏</td><td></td><td></td><td></td><td></td></tr>
<tr><td rowspan="3">非游戏行为</td><td colspan="3">行为</td><td>活动记录</td></tr>
<tr><td>无所事事</td><td>旁观</td><td>频繁换场</td><td rowspan="2"></td></tr>
<tr><td></td><td></td><td></td></tr>
</table>

运用帕顿-皮亚杰量表,需要注意以下事项:

第一,研究者和教师必须在运用量表之前熟悉各项操作定义,以利于准确无误地进行观察。

第二,在观察中,应坚持每个孩子一张表格。

第三,采用多次扫描取样法。这种方法要求观察者按顺序将观察对象表格排列好。每次观察一个孩子15秒钟,按顺序换人。选择15秒钟观察的优点:一方面,这个时间的长度已够观察者判断幼儿行为的性质;另一方面,它也正好短到在一个观察间隔时间内幼儿不太可能改变他的游戏性质。在结束对第一个幼儿的观察和开始对第二个幼儿的观察之间可有5秒的时间间隔,作为对下一次观察的准备。因此,大约在1分钟内可观察三个孩子。

在全部观察完一遍后,重新开始一轮各15秒钟的观察。总共每个孩子4次,由此得出比较准确的关于各个幼儿游戏状况的观察结论。

第四,确定观察顺序。在观察之前,可以混合所有幼儿的游戏观察记录表。然后随机抽取观察记录表,以保证观察顺序的随机性和公平性。从混合后自然产生的第一张观察表开始,在对所有确定的观察对象进行了第一轮的观察以后,可以开始新的一轮观察。观察顺序同前不变。

2.豪伊斯同伴游戏量表

豪伊斯于发表了考查幼儿社会性游戏行为的同伴游戏量表(表5-3)。这个量表比较细致具体地将幼儿游戏的社会性水平分为6个层次,水平由低到高依次为:独自

① 柳阳辉,张兰英.学前儿童游戏[M].2版.郑州:郑州大学出版社,2006.

游戏、简单平行游戏、具有成熟意识的平行游戏、简单社会性游戏、有成熟意识的互补/互惠游戏、互补互惠的社会性游戏。

表5-3◆豪伊斯同伴游戏量表的观察记录表①

幼儿姓名　　　　　　　　观察日期

次数	水平0	水平1	水平2	水平3	水平4	水平5	非游戏活动	非游戏行为	教师参与	地点或使用材料

为更好地掌握幼儿的游戏水平，建议使用多次扫描取样法进行观察。豪伊斯同伴游戏量表的操作定义如下：

(1)水平0：独自游戏。

幼儿自己游戏。

(2)水平1：简单平行游戏。

幼儿在相互交往范围内参加了相近的游戏活动，但没有出现目光交互或任何社会性行为。

(3)水平2：具有成熟意识的平行游戏。

孩子参与相近的游戏，并有目光接触。

(4)水平3：简单社会性游戏。

幼儿相互间出现直接社会性行为。典型的社会性行为包括：发出声音、给人玩具、微笑、触碰、拿玩具、攻击行动。但这一阶段的孩子的游戏活动未能合作进行。

(5)水平4：有成熟意识的互补/互惠游戏。

幼儿在游戏活动中有与同伴合作的倾向行为，能意识到各自的角色。但在这一水平阶段，幼儿之间游戏时无对话或其他社会性交流。

(6)水平5：互补互惠的社会性游戏。

幼儿在游戏中有第四阶段的互补/互惠活动，也有第三阶段的社会性交流。

采用豪伊斯同伴游戏量表进行观察，研究者和教师可对幼儿游戏水平进行分析，从而有的放矢地给予幼儿具体的帮助。通过分析观察结果，还可以了解幼儿游戏的

① 翟理红.学前儿童游戏教程[M].上海：复旦大学出版社，2006.

兴趣、喜爱的材料、与教师的交往状况，这些信息对于教师采用适当的指导方法，引导幼儿提高游戏的水平亦是十分重要的。

3. 斯米兰斯基社会性主题角色游戏量表

斯米兰斯基社会性主题角色游戏发生在两个或两个以上的幼儿，分配角色并将自己所扮演的角色与别人所扮演的角色联合起来，形成有主题、有情节的角色游戏；要求幼儿以表征的方式表现人物和事物，进行角色扮演。这种游戏对幼儿的语言、认知和社会性发展有相当高的要求。因此，这种游戏被认为是一种重要的游戏类型，对幼儿发展具有重要的意义。虽然这种游戏表面上看起来很简单，却涉及社会性、想象、言语、思维的组织性等重要的认知和社会性因素。在游戏干预研究的基础上，形成了斯米兰斯基社会性主题角色游戏量表（简称SPI，表5-4）。该量表可用于观察幼儿社会性主题角色游戏能力的发展状况。

表5-4◆斯米兰斯基社会性主题角色游戏量表①

姓名	角色扮演	想象的转换			社会互动	语言沟通		持续性
		材料	动作	情境		元交际	假装的角色沟通	
幼儿1								
幼儿2								
幼儿3								
幼儿4								
幼儿5								

斯米兰斯基社会性主题角色游戏量表与帕顿-皮亚杰量表、豪伊斯同伴游戏量表的不同之处有两点：一是观察对象数量不同。斯米兰斯基社会性主题角色游戏量表可以同时观察多名幼儿；而帕顿-皮亚杰量表、豪伊斯同伴游戏量表一次只能观察一名幼儿。二是取样的方法不同。帕顿-皮亚杰量表、豪伊斯同伴游戏量表都采取以15秒为间隔取样的方法；而斯米兰斯基社会性主题角色游戏量表采用事件取样的方法，需要较长观察时间，根据幼儿年龄不同，观察时间为5~10分钟。

斯米兰斯基社会性主题角色游戏量表的操作性定义如下。

（1）角色扮演。幼儿在游戏中扮演某一角色，并会用口头宣布的方式进行交流，并表现出与角色相对应的行为。

① 董旭花．幼儿园游戏[M]．北京：科学出版社，2009.

(2)想象的转换。用一些东西、言语或动作等来代表现实中的某种材料、动作或情境。例如,假装用积木当杯子,一边假装往杯子里倒水一边说:“我要倒点水。”

(3)社会互动。两个或两个以上的幼儿就游戏的情节、角色、动作等有直接的互动或交流。

(4)语言沟通。幼儿运用语言对有关游戏的主题、情节、角色扮演等进行交流。幼儿在游戏中结成两种伙伴关系,即真实的玩伴关系和假装的角色关系。在游戏的过程中,幼儿经常在这两种“身份”之间转换。

(5)持续性。持续性指的是幼儿游戏的持续时间长短。有关研究指出,小、中班的幼儿的游戏可持续5分钟左右,大班幼儿的游戏可持续10分钟左右。

(三)多媒体记录

随着社会的发展、时代的进步,智能设备以及多媒体设备日益普及。观察者可以利用这些多媒体设备将有代表性的游戏记录下来,供日后反复观察、研究。多媒体记录的优势主要体现在以下几个方面。

(1)不受时间的限制。教师可以利用摄像机连续对幼儿游戏进行记录。

(2)更加真实。人为记录可能受观察者主观因素的影响,也可能遗漏一些细节;而摄像记录是最真实客观的,它能将幼儿游戏时的表情、对话和动作等各种细节都记录下来。这样在日后回放时,教师可以用其补充自己的记录。

(3)提高教师的观察技能。幼儿在游戏中的表现往往具有不稳定性,有些行为是一次性偶然发生的,如果观察者没有观察到,那么在以后的游戏中就可能永远观察不到了。而摄像的内容,教师可以反复观察,并且可以利用这种记录方式练习观察技巧并熟练使用各种观察量表。

---

① 范明丽.学前儿童游戏与指导[M].成都:西南财经大学出版社,2014.

三、乡村幼儿园游戏观察与分析的案例

案例

拼图游戏观察记录(一)[①]

观察时间:2009年3月18日

开始时间:下午4点

结束时间:下午4点30分

观察地点:大班活动室

观察对象:大班全体幼儿

观察记录:大班幼儿每人一份由20块小图组成的拼图和一份完整的对照图。幼儿很快把小图折开摆在了桌子上,可是一时又不知道从哪里下手,都瞪大了眼睛看了又看。过了两分钟,有的幼儿开始说:“老师,我不会拼啊!这个怎么拼呀?”于是我提示幼儿仔细观察,参看对照图来拼。又过了5分钟,几个幼儿失去了兴趣,开始收拾拼图不想拼了,其他幼儿陆陆续续地也不拼了。只有远远、山宝两个幼儿对拼图产生了兴趣,丝毫没有收起的意思。10分钟后,山宝第一个成功地完成了拼图,远远只拼了一半。

拼图游戏观察记录(二)

观察时间:2009年3月19日

开始时间:上午10点

结束时间:上午10点30分

观察地点:大班活动室

观察对象:大班全体幼儿

观察记录:幼儿发现拼图折开后,混在一起很难辨别出哪块是你的,哪块是我的,薇第一个想出了在拼图背后做记号的方法。于是在游戏刚开始时,幼儿都在给拼图做记号。游戏开始后,幼儿比昨天专注了很多,都认真地先观察对照图,再仔细拿起拼图一块块对照。大约5分钟后,还是山宝第一个拼好。又过

去了大约5分钟，磊磊和鹏鹏也拼好了。游戏开始20分钟后，大多数幼儿都完成了拼图任务，仅有个别幼儿拼起来很吃力，需要教师多次指导。

幼儿的观察能力、动手能力处于不同水平，有的幼儿的水平相对较高，有的幼儿的水平则相对较低。当幼儿遇到问题时，教师应该先让他们自己想办法，多在一旁鼓励。案例中的幼儿能积极主动地想办法解决问题是非常可贵的。当幼儿不明白游戏规则时，教师应给予正确的引导，帮助他们顺利开展游戏。

“抢轮胎”观察分析①

观察时间：2008年6月25日

观察对象：小博、小山

观察地点：室外

观察教师：杨××

观察记录：在今天的室外活动中，小博在玩滚轮胎，这时小山跑过来就抢，小博急得大哭起来，委屈地说：“你为什么抢我的轮胎？”小山回答道：“老师说了，好玩的玩具，大家要轮着玩。”小博不服气地说：“我还没玩够呢！你为什么抢？”

小山说：“光你想玩，我也想玩一会儿！”两人你一言我一语，争辩不止。我看他俩争执不下，走到他们面前，心平气和地说：“小山，你为什么抢小博的玩具？”小山见先让他解释理由，就得意地说：“老师，你看小博玩得头上都出汗了，还不让我玩。”我接着问：“你和他商量了吗？”小山低下头，声音很小地说：“没有。”我顺势问小博：“如果小山和你商量。你能和他一起玩吗？”小博点了点头。就这样，两个孩子都消了气，一起玩了起来。

从这次的观察可以了解到，小山认为自己抢小博的轮胎是对的，因为他的理由是“老师说了，好玩的玩具，大家要轮着玩”。实际上，小山对“轮流玩”的意义没有完全理解，而且他只站在自己的角度考虑问题，缺乏与他人商量的意识和技巧。这是此次冲突发生的主要原因。

① 王烨芳.学前儿童行为观察与分析[M].南京：江苏教育出版社，2012.

第二节 幼儿园游戏活动的评价①

一、幼儿园游戏活动评价的目的与意义

游戏活动的评价是一个师幼双向互动、为幼儿建构游戏经验的过程。通过教师不断地支持幼儿，充分利用教育资源，游戏评价可以用来连续不断地监控幼儿各种能力的发展，帮助教师和家长了解幼儿的特殊兴趣和经验。

由教师和幼儿共同进行的游戏活动评价，在幼儿园一般以“游戏讲评”“分享游戏”“游戏讨论”“经验建构”等名称出现。

（一）幼儿园游戏活动评价的目的

1.发展幼儿的能力

幼儿园游戏活动评价，在于了解幼儿的现实发展水平和表现，包括幼儿认知、情感、社会性等方面的问题；让幼儿以自己的方式去发现问题、分析问题并尝试自己解决问题。

幼儿园游戏活动评价能发展幼儿的能力，主要体现在两个方面：

（1）发现问题的能力。通过对游戏活动的评价，教师将游戏中新出现的创意及成功的体验提供给幼儿讨论，鼓励幼儿的创造性思维，注重培养幼儿发现问题的能力。

（2）解决问题的能力。教师将游戏中存在的问题，特别是矛盾的焦点，提供给幼儿讨论，鼓励幼儿以自己的方式解决问题，注重培养幼儿解决问题的能力。

2.丰富幼儿的经验

幼儿园游戏活动评价并不是为了判断游戏质量的好与不好、游戏水平的高与低、游戏过程的像与不像、幼儿在游戏中的是是非非……游戏活动是幼儿之间相互学习的最佳时机，幼儿园游戏可以为幼儿提供情境性体验的学习机会。

① 刘焱.幼儿园游戏与指导[M].北京：高等教育出版社，2012.

幼儿在游戏中基于自己已有的经验再现对人、对事的理解，每个幼儿反映的角度不同，每个幼儿对待同一件事的态度和方法也各不相同。在游戏活动过程中，有些幼儿遇到困难时能够较好地自行解决，而有的幼儿却不能。但是，这些问题都发生在真实的情境中，幼儿亲身经历、体验了其发生的过程，教师的任务是用幼儿关注的、引发其矛盾和冲突的问题来引导幼儿进行讨论，帮助幼儿学会发现不同的解决问题的方法和态度，将游戏中的个别经验扩展为公共经验。

(二)幼儿园游戏活动评价的意义

1.帮助教师了解幼儿的真实想法及情况，及时发现游戏中存在的问题

游戏是幼儿最喜爱的活动，他们在游戏中表现积极、主动，有自己的想法和主见。需要通过教师与幼儿之间的互动，让幼儿把自己在游戏中的内心体验、感受和碰到的问题表达出来。

教师要想了解到幼儿在游戏时的真实想法及情况，就不能仅仅关注幼儿在游戏中是否“玩得开心”，应多关注幼儿在游戏中“有什么不开心的事情”或者“有什么不好玩的方面”。在幼儿讲述时，教师可以及时发现游戏中存在的问题，及时地解决这些问题。这些都可以为教师后期游戏的再设计提供方向。

2.引导幼儿梳理经验，为幼儿再次游戏提供信息和方法

支持幼儿在游戏中轻松、自由、愉快地再现他的经验，这些经验在现实生活中或许还没有机会表现出来。他们会把自己对真实社会的理解反映在游戏中，这些在成人眼里可能既可爱又可笑。如在游戏中会出现类似“老师吃饭不要钱”，“公共汽车，我想让它什么时间来就什么时间来”，“只要生病就得打针”等情况。对于这些情况，很多教师总是认为不过是孩子玩玩而已，不予重视。其实，幼儿的这些经验有些随着年龄的增长会逐渐完善，而有些却会让幼儿形成不合适的甚至是错误的观念。教师只有引导幼儿把经验梳理清楚，才能使游戏情节得以丰富，促进幼儿逐渐完善自己的经验体系，帮助幼儿在玩游戏的过程中逐渐地适应社会生活，形成正确的价值观和判断是非的能力。

3.提高教师的综合素质和能力

在开展游戏活动的评价时，教师运用专业知识在整个游戏过程中发现、分析、研究、解决问题，也是其自我成长的过程。幼儿园游戏活动的评价，是动态、持续的过程性评价。在游戏活动中，幼儿表现的经验涉及社会生活的方方面面，要求教师在最短

的时间里对幼儿出现的问题做出思考、判断，迅速对幼儿关注的问题做出适宜的回应，充分发挥幼儿学习的主动性，使全体幼儿能够在同一情境中分享学习彼此的经验，达到“寓教于乐”的效果。这对教师的综合素质和能力提出了挑战。在不断的挑战过程中，教师自身的能力水平也随之提高。

二、幼儿园游戏活动评价的要求与方法

（一）幼儿园游戏活动评价的要求

1.幼儿是评价的主体，教师是评价的支架

幼儿是游戏的当事人，理所当然是评价的主体。教师应以幼儿为主体，鼓励幼儿大胆、清楚地表达自己的想法和感受，尝试说明、描述简单的事物或过程；帮助幼儿在与他人的互动中，将外在经验与自身经验结合。教师不应急于将答案及解决问题的方法直接告诉幼儿，应引导幼儿在已有经验的基础上，就一个问题展开对话和讨论，以自己的方式来解决问题。这样才能丰富幼儿已有经验，发展幼儿的实际能力。

2.每次评价有重点，避免面面俱到

评价游戏不能面面俱到。游戏中幼儿出现的问题会很多，如果教师希望面面俱到、立刻解决，其结果只能是每个问题都“蜻蜓点水”，而不能得到深入的分析和解决。因此，教师应针对幼儿的最主要问题，重点进行评价。在评价中应关注幼儿的游戏过程，帮助幼儿积极主动地参与，充分表达自己的观点，并逐渐在与教师和同伴的互动讨论过程中，主动建构自己的知识和经验。

3.关注幼儿的个体差异

每个幼儿在游戏中表达他们对生活的理解，但由于经验、性格、环境等的差异，表达会有所不同，因此不能简单用游戏开展得好与不好来评价幼儿游戏。教师要关注幼儿的个体差异，避免用单一的标准评价不同的幼儿，在幼儿面前慎用横向的比较。切忌对幼儿说类似于“今天玩游戏表现好的，老师发给他一颗五角星”，“这次表现不好的小朋友，下次只能看别人玩游戏”等有伤幼儿自尊的语言。

（二）幼儿园游戏活动评价的方法

教师应创造一个自由、宽松的语言交流环境，支持、鼓励幼儿与教师、同伴或其他

人交流。在此过程中让幼儿养成注意倾听的习惯,发展语言理解的能力。

幼儿园游戏活动的评价形式主要有两种:关注游戏过程的评价,包括幼儿在游戏中的各种经验、感受和体验等;关注游戏结果的评价,包括游戏环境、材料以及记录游戏情节的文字、绘画等。

幼儿园游戏活动的评价方法有以下几种:

1. 情境再现

教师将在游戏中观察到的典型事例,或迫切需要解决的问题,以情境描述的形式提出来,或以录像的形式再次呈现,供幼儿讨论,让幼儿自己发现问题,并纠正幼儿在游戏中的错误经验。

2. 绘画表达

对游戏活动的评价中,可让幼儿将想象的东西用图画表达出来,给每个幼儿都提供充分自由表达观点的机会,既能满足幼儿的个体需要,又能弥补幼儿语言表达能力上的不足。这可以帮助教师了解幼儿的真实想法、需要以及已有的经验,有利于幼儿相互交流游戏经验。绘画表达法有两种形式,一是每个幼儿在纸上画出自己玩游戏的不同情况,二是全体幼儿围绕一个共同的主题发表自己的想法。教师在黑板上把幼儿表达的意思用图画或标记表示出来。

3. 作品展示

幼儿游戏中的各种作品,是开展游戏评价的重要依据,可用来做结果性评价。游戏是幼儿借助各种方式表现经验的学习过程,是幼儿不断学习和创造的过程,会留下许多幼儿自己的作品,比如自制的玩具材料、文字、图画、环境的布置……这些东西能很好地反映幼儿的经验水平和学习能力,记载幼儿在游戏中的学习。教师可利用这些作品和作品的表现方式,展开对幼儿游戏情况的评价。

4. 常规练习

教师应针对幼儿在游戏评价中的学习习惯、规则意识等具体表现,及时引导幼儿讨论,体验、练习适应社会生活的基本常规,并及时给予正面鼓励和强化。游戏中蕴涵着社会生活的方方面面,《幼儿园教育指导纲要(试行)》明确提出要寓教育于生活和游戏之中。在组织幼儿评价游戏的过程中,既要关注幼儿游戏中的经验,也要关注幼儿良好行为习惯的培养,注重让幼儿养成良好的学习品质,使其终身受益。

三、乡村幼儿园游戏活动评价的案例

案例

他们的做法有什么不同！[1]

（情境一）

教师：有几个娃娃到小商店那里买袜子啊？

幼儿：我们（四五个幼儿举手）。

教师：哦，这么多人来买袜子啊！我来问问看，你买的袜子多少钱啊？

幼儿1：5元钱。

教师：哦，他买了一双袜子5元钱。你买的几元钱？

幼儿2：2元钱。

教师：哦，他买的两元钱。你买的几元钱啊？

幼儿3：6元钱

教师：哦，他买的6元钱。你呢？

幼儿4：4元钱。

教师：嗯！你们买的袜子，有2元钱的，有4元钱的，有5元钱的，有6元钱的。老师想问一问啊，我们班的袜子一样不一样啊？

幼儿：不一样。

教师：哪里不一样啊？

幼儿：钱不一样。

教师：对了，钱不一样。买袜子的钱不一样，但是袜子的样子一样不一样啊？

幼儿：一样。

教师：一样的东西卖出来的钱应该是一样还是不一样呢？

幼儿：一样。

① 刘焱.幼儿园游戏与指导[M].北京：高等教育出版社，2012.

教师：你到外面买蛋挞，这个店里所有的同类型蛋挞卖的钱一样不一样？一样的，对不对？那我们这个袜子应该一样不一样呢？

幼儿：一样。

教师：一样。那刚才我们有的宝宝花了2元钱，有的宝宝花了4元钱，有的宝宝花了5元钱，有的宝宝花了6元钱。几元钱最便宜啊？

幼儿：2元钱。

教师：哦，2元钱最便宜。几元钱最贵啊？

幼儿：6元钱。

教师：6元钱怎么样啊？最贵。

幼儿：那个4元钱也是贵的。

教师：4元钱也是贵的。

幼儿：5元钱也是贵的。

教师：哦，5元钱也比2元钱贵。那宝宝们可能就会想，为什么他买的袜子2元钱，我买的袜子5元钱？那太贵了，是不是？下次我们的袜子都是一样的价格，好不好？那我们想想看，我们的袜子要卖几元钱呢？

幼儿：2元钱……1元钱……

教师：2元钱。同意2元钱的宝宝举手。这么多人都同意2元钱，手放下来，那我们的袜子就卖2元钱好不好？

幼儿：好！

（情境二）

教师：好，你来说。别人在说话的时候，大家要仔细听，你也要说清楚哦！

幼儿：今天我是玩游乐场的，我是游乐场管卖票的那个。今天我们赚了很多钱，我们用了两个方法。第一个，我们用的方法是，第一个来的人免费。第二个来的是秦老师，她只要1元钱，因为她是第二个来的。接着是楠楠来了。她玩了好几次，她花了7元钱。还有两个10元钱。还有一些旅行团的导游带着旅行团的游客到我们这边玩，我们赚了很多钱。

教师：哦，他今天讲得清不清楚啊？

幼儿：很清楚！

教师：哦，声音又响亮又清楚，很好！你刚刚说了两个办法。第一个办法你们听明白了吗？

幼儿：听明白了。

教师：他们第一个办法就是第一个来的人怎么样？

幼儿：免费。

教师：第二个来的人怎么样？

幼儿：1元钱。

教师：那你们正常卖票多少钱？

幼儿：7元钱一张。

教师：第二个来的人几元钱啊？

幼儿：1元钱。

教师：好，这是用的第一个方法。那第二个方法是？

幼儿：第二个方法是人家来了，如果他3次投沙包都投到了那个套圈，就送一个小礼盒。这个蝴蝶结没有了，就想了一个好办法，送一个小礼盒。第一个人可以这样子，第二个人就不可以这样子了。

教师：哦，还可以奖励别人。他今天讲了几个办法吸引别人？

幼儿：两个。

教师：两个。第一个是优惠政策，游客来有优惠；第二个是奖励。

在分析游戏活动的评价中，教师怎样发挥幼儿评价的主体作用？

对游戏活动的评价，并不是随便捡一个问题来说那么简单。教师看似就某个问题引导幼儿一起讨论，但评价关注的问题来源不同。如果不全面了解幼儿的发展状况，就容易出现只重知识和技能，忽略情感、社会性和实际能力的倾向。情境一：袜子的价格问题并不是幼儿关注的焦点，教师却“急切地”“好心地”代替幼儿关注一个并不是问题的问题。游戏评价注重的是过程体验而不是为了追求统一的结果，讨论的话题并无统一规定，关键在讨论的过程中，教师怎样把幼儿作为评价的主体，为他们的发展搭建支架，帮助幼儿梳理并提升在游戏中获得的经验，在幼儿需要帮助时及时伸出援助之手，调动幼儿全身心地参与游戏活动的评价。情境二中的教师，以发展的眼光看待幼儿，既了解幼儿的现有水平，更关注其发展的速度、特点和倾向等，给幼儿充分表达的机会，并随时注重幼儿学习品质的培养，提醒幼儿倾听和表达的方法。评价的话题内容来自幼儿，教师以开放性的问题帮助幼儿一步一步地梳理经验，并适时地加以提升，全体幼儿分享了“游乐场”可以利用“优惠”和“奖励”等方法吸引更多的“游客”的经验。从两个情境中可知，如果不尊重幼儿的主体性发挥，游戏活动的评价就会流于形式。

参考文献

［1］ 刘焱.幼儿园游戏与指导［M］.北京:高等教育出版社,2012.

［2］ 范明丽.学前儿童游戏［M］.北京:北京大学出版社,2017.

［3］ 刘焱.儿童游戏通论［M］.北京:北京师范大学出版社,2004.

［4］ 邱学青.学前儿童游戏［M］.南京:江苏教育出版社,2008.

［5］ 叶小红.幼儿园游戏与指导［M］.南京:江苏教育出版社,2014.

［6］ 周桂勋,陈丹.幼儿园游戏组织与指导［M］.上海:上海交通大学出版社,2018.

［7］ 王金洪.学前儿童游戏与指导(2014版)［M］.北京:北京出版社,2014.

［8］ 翟理红,候娟珍.幼儿游戏［M］.北京:北京师范大学出版社,2012.

［9］ 丁海东.幼儿园游戏组织与指导［M］.长沙:湖南大学出版社,2015.

［10］ 么那.学前儿童游戏活动与指导［M］.北京:北京师范大学出版社,2015.

［11］ 柳阳辉,张兰英.学前儿童游戏［M］.2版.郑州:郑州大学出版社,2006.

［12］ 翟理红.学前儿童游戏教程［M］.上海:复旦大学出版社,2006.

［13］ 董旭花.幼儿园游戏［M］.北京:科学出版社,2009.

［14］ 王烨芳.学前儿童行为观察与分析［M］.南京:江苏教育出版社,2012.

［15］ 刘馨.学前儿童体育［M］.北京:北京师范大学出版社,1997.

［16］ 梁周全,尚玉芳.幼儿游戏与指导［M］.北京:北京师范大学出版社,2011.

［17］ 王春燕,李颖,杨佳丽.让民间游戏融入幼儿园的课程［J］.学前课程研究,2009(4):4-7.

［18］ 丁海东.游戏的教育价值及其在幼儿园课程中的实现路径［J］.学前教育研究,2006(12):32-34.